- 当代财经管理名著译库
- DSGE经典译丛

李 力 郝大鹏 王 博 译
王 博 李 力 校

[英] 格里·库普 （Gary Koop）
迪米特里斯·克罗比利斯 （Dimitris Korobilis） 著

实证宏观经济学
贝叶斯多元时间序列方法

Bayesian Multivariate Time Series
Methods for Empirical Macroeconomics

东北财经大学出版社
Dongbei University of Finance & Economics Press
大连

辽宁省版权局著作权合同登记号：06-2018-63

Bayesian Multivariate Time Series Methods for Empirical Macroeconomics by Gary Koop and Dimitris Korobilis

© 2018. Authorized translation of the English edition © 2010 Now Publishers, Inc. This translation is published and sold by permission of Now Publishers, Inc., the owner of all rights to publish and sell the same

图书在版编目（CIP）数据

实证宏观经济学：贝叶斯多元时间序列方法 ／ （英）格里·库普（Gary Koop），（英）迪米特里斯·克罗比利斯（Dimitris Korobilis）著；李力等译.一大连：东北财经大学出版社，2018.5（2022.4重印）
（DSGE经典译丛）
ISBN 978-7-5654-3126-5

Ⅰ．实…　Ⅱ．①格…②迪…③李…　Ⅲ．贝叶斯方法-应用-宏观经济学-研究　Ⅳ．①F015②F222.1

中国版本图书馆CIP数据核字（2018）第068123号

东北财经大学出版社出版发行
　大连市黑石礁尖山街217号　邮政编码　116025
　网　　　址：http://www.dufep.cn
　读者信箱：dufep@dufe.edu.cn
大连图腾彩色印刷有限公司印刷

幅面尺寸：170mm×240mm　字数：98千字　印张：8.5
2018年5月第1版　　　　2022年4月第2次印刷
责任编辑：李　季　刘　佳　责任校对：刘东威
封面设计：张智波　　　　版式设计：钟福建
定价：48.00元

教学支持　售后服务　联系电话：（0411）84710309
版权所有　侵权必究　举报电话：（0411）84710523
如有印装质量问题，请联系营销部：（0411）84710711

内容简介

    宏观经济学的实证研究者经常使用多变量时间序列模型。例如，VAR模型、因子增广型VAR模型以及这些模型的时变参数形式（包括具有多元随机波动率的变体形式）。这些模型有大量的参数，因此可能会出现过度参数化问题。贝叶斯方法已成为解决这一问题越来越普遍的手段之一。在本书中，我们将讨论VAR模型、因子增广型VAR模型和这些模型时变参数的扩展形式，并展示在这些模型中贝叶斯推断是如何进行的。除了最简单的VAR模型外，贝叶斯推断需要使用为状态空间模型开发的马尔科夫链蒙特卡洛模拟方法，在本书中，我们将具体介绍这些算法。本书重点面向宏观经济学的实证研究者，并就如何在实证中使用这些模型和方法等方面为其提供建议和实证示例。本书的相关网站提供了在这些模型中实施贝叶斯推断的Matlab代码。

译者序

本书介绍了贝叶斯方法在 VAR 模型、状态空间模型、随机波动率模型、动态因子模型、TVP-VAR 模型、FAVAR 模型、TVP-FAVAR 模型等主流实证宏观模型中的应用，既涵盖模型先验分布的选取，对于吉布斯抽样等马尔科夫链蒙特卡洛模拟方法（MCMC）也有不同程度的论述。该书简明扼要，又不失深度，既可供实证宏观领域的研究者参考使用，也可作为高年级本科生和研究生学习高级宏观和时间序列分析等课程的技术手册。

本书作者之一 Koop 是宏观计量领域的权威。我和郝大鹏最初接触 Koop 的论文是在"二主"的时候。那时，我们还很年轻，不懂这么多模型的套路，我在南开，他在天大，双修金融。他课下常和我讨论 Koop1996 年发表在 JoE 期刊上的那篇文章，当时的"二主"学霸云集，教室里总是没座，我们只能在 B201 门口的座椅上仰望星空，兴致盎然之际感叹 Koop 论文之精妙。谈笑风生之间深谙宏观理论之艰辛，从此挣扎于计量模型的泥潭，入戏太深，画面太美，不忍卒观。永远的八里台，抹不去的天南街，最念念不忘的还是水上公园那家湘芙蓉菜馆。后来他家诸多菜品我都能脱口而出，如数家珍，连服务员也为之拍案叫绝。也正是在这些看似优雅，实则尬聊的饭局里，我们对 Koop 的方法有了更深刻的认识；在那些觥筹交错、海阔天空的闲谈中，我们逐步萌生了翻译 Koop 著作的念头，目的是让更多读者了解贝叶斯方法在实证中的最新进展，并将其应用于中国问题的研究。本书翻译的分工如下：第 1~3 章由郝大鹏翻译；第 4~6 章由我翻译；附录部分由我和郝大鹏共同完成；最后由南开大学金融学院的王博老师负责校对。

本书翻译工作的完成有赖于众多人士的关心与支持。首先感谢东北财经大学出版社，感谢责任编辑李季女士和刘佳女士的认真负责。感谢北京大学，感谢光华管理学院给博士生提供了前沿的学术平台、浓厚的科研氛围和丰富的科研资源，让人能静心读书，安心思考。在本书的翻译过程中，光华管理学院的刘力老师、刘晓蕾老师、王亚平老师给予了我们鼓励与支持，在此也一并表示感谢！感谢南开大学王博老师和赵娜老师，这两位老师不仅学术上给予我们诸多指点，生活中也给予我们无微不至的关怀。当然也应当感谢母校四年的培养和熏陶，无论身在何处，当记得渤海之滨有学府北辰，白河之津有巍巍南开；无论走到哪里，当以公之襟怀、能之操守作为行动指南！

囿于水平，我们对于前沿宏观经济学和计量经济学的理解还十分肤浅，在翻译过程中难免存在一些错误之处，恳请广大读者批评斧正！

译　者

2017 年 12 月于北大畅春园

前　言

　　贝叶斯计量经济学过去几十年间在经济学的许多领域都取得了巨大的飞跃，但是在宏观经济学中的应用是最为成功的。本书介绍了许多在现代实证宏观经济学中常用的主要模型，由于贝叶斯方法能解决这些模型中的超参数问题，因此贝叶斯方法已经变得非常普遍。随着大数据时代的到来，宏观经济学家将处理越来越大的数据集。贝叶斯方法的优势变得越来越明显，并且这种优势在未来将继续保持。因此，我们相信本书在很多年后依然实用。

　　我们在撰写本书时集中探讨了多元时间序列模型，这是因为宏观经济学家有兴趣研究的问题实际上大多是多变量模型，涉及不同变量之间关系的讨论。向量自回归模型（VAR模型）是这些模型中最常见的一种，VAR模型在本书也将占据主要地位，但是宏观经济变量经常表现出结构不稳定和参数改变的特征，无论是条件均值还是条件方差的参数都可能随时间而改变，而VAR模型则无法反映这种结构变化。因此，VAR模型在实证应用中往往需要进行拓展。允许VAR模型中的参数发生改变的方法有很多种，本书我们将重点介绍能用状态空间模型方法处理的参数改变形式，这也导致带有随机波动率的TVP-VAR模型的诞生。之所以选择TVP-VAR模型是因为它在处理参数变化问题中的灵活性和普遍性，当然也有基于计算方面的考虑。在TVP-VAR模型以及状态空间模型中，有很多常见且易于使用的贝叶斯工具可以帮助我们进行后验和预测模拟，熟悉这些工具的读者可以在TVP-VAR模型（和一系列其他模型）中进行贝叶斯推断和预测。

宏观经济学中常见的另一类多元时间序列模型是动态随机一般均衡（DSGE）模型。DSGE模型通常使用贝叶斯方法来估计，并且严格地基于宏观经济学理论。我们在本书没有涵盖DSGE模型是为了专注于计量经济学问题而不是经济理论。关于DSGE模型的贝叶斯估计还有许多其他优秀的著作，包括Edward Herbst和Frank Schorfheide的《DSGE模型的贝叶斯估计》以及Fabio Canova的《应用宏观经济学研究方法》。

我们撰写本书的目的是面向那些对宏观模型感兴趣并在实证中使用它们的宏观经济学应用研究者。因此，本书很少涉及理论和证明，而是描述每个模型的特点，并展示如何在实践中运用贝叶斯后验模拟方法来进行估计和预测。我们创建了一个包含本书所涉及模型Matlab代码的官网。近年来，许多研究者和博士们都利用这些代码来帮助他们提升贝叶斯编程能力。我们希望通过本书的中文翻译版本和相关的Matlab代码来帮助广大的中国学生和学者们提升他们贝叶斯计量经济学的建模能力，特别是那些在宏观经济学中越来越普及的模型。

我们非常感谢北京大学光华管理学院的李力博士及另两位译者为翻译本书所做的努力与付出，希望更多的中国读者能喜欢本书。

格里·库普

迪米特里斯·克罗比利斯

目　录

## 第 1 章

引 言

　　本书的目的是为众多现代实证宏观经济学模型中所使用到的贝叶斯方法提供一个综述。实证宏观经济学的大部分问题涉及多个变量，因而必须使用多元时间序列方法来处理。为了解决这一现实问题，众多实证宏观经济学模型应运而生。许多不同的多元时间序列模型已经应用于宏观经济学中，但自从 Sims（1980）的开创性工作以来，向量自回归模型（VAR 模型）已成为其中最受欢迎的一种。在许多实证应用中，假定 VAR 模型的系数不随时间发生变化可能会使模型的表现比较差。例如，在实证中普遍认为 20 世纪 60 年代和 70 年代的宏观经济运行状况不同于 20 世纪 80 年代和 90 年代。这促进了学者们在 VAR 模型中加入时变系数的研究兴趣，时变参数的 VAR 模型（TVP-VAR 模型）随之兴起。另外，在 20 世纪 80 年代许多发达经济体众多宏观经济变量的波动率在下降。商业周期的"大缓和"引起了越来越多的学者关注如何在多元时间序列模型中适当构建误差协方差矩阵，并且促使其在实证论文中纳入多元随机波动率。在 2008 年，众多经济体陷入衰退，许多相关的政策研究表明 VAR 模型中的参数可能又一次发生改变。

宏观经济数据集通常包含月度、季度或者年度观测值，因此其规模只能算中等。但VAR模型有大量的系数需要估计，特别是当因变量超过两个或者三个时（合理构建含有众多宏观经济关系的模型所要求的变量数目）。允许VAR模型的系数时变会造成系数激增，而只允许误差协方差矩阵随时间发生变化也会增加对过度参数化的担忧。宏观经济学家们面临的研究挑战是如何构建足够灵活的模型以使得其与实证现象尽可能相关，既能捕捉到诸如"大缓和"时代的一些关键宏观数据的特征，同时也不至于引起严重的过度参数化问题。许多方法已经被提出，但大多数方法的共同主题是缩减。不管是预测还是估计，缩减法被认为对降低过度参数化问题特别有效。这种缩减法或者是对参数的形式施加约束或者是将它们缩减至零。这也使得贝叶斯方法的运用开始大量增加，这是因为贝叶斯方法的先验信息①提供了一种逻辑和形式上一致的引入缩减技术的方式。此外，实施高维多元时间序列模型贝叶斯估计所需要的计算工具已经发展得比较完善。因此，10年或20年前可能难以估计或者不可能估计的模型现在已经被宏观经济学家广泛采用。

由于数据可得性的增加，一些相关的模型以及伴随而来的对模型过度参数化问题的担忧已经开始出现。宏观经济学家可能会处理政府统计机关和其他政策机构收集的数百种不同的时间序列变量。构建一个包含数百个时间序列变量的模型（每个变量至多有几百个观测值）是一项艰巨的任务，这会引起潜在的参数激增问题，也使得使用缩减法或其他方法来降低模型维度变得

---

① 先验信息可以是完全主观的。然而，如下面所讨论的，经验贝叶斯或分层先验分布经常被宏观经济学家所使用。例如，在一个状态空间模型中状态方程可以被解释为一个分层先验分布。但是当相对于参数的数目来说我们的数据信息有限时，先验信息的作用变得愈发重要。在这种情况下，应更加小心地引入先验。

非常必要。将数百个变量的信息简化为几个因子变量的因子分析方法成为解决这一问题的常用手段。将因子分析法和VAR模型结合可形成因子增广型VAR模型（FAVAR模型）。然而，正如VAR模型一样，我们也需要允许参数是时变的，这便引起了大家对于TVP-FAVAR模型的兴趣。同样，与其他模型中的原因一样，贝叶斯方法在TVP-VAR模型中也十分普遍，因为贝叶斯先验提供了合理的方式来避免过度参数化问题，且处理这些模型的贝叶斯计算方法已经发展得很完善。

在本书中，我们将重点整理、介绍和拓展与VAR模型、TVP-VAR模型和TVP-FAVAR模型中贝叶斯方法相关的文献，重点面向实证研究者。我们不仅仅是简单地定义每个模型，而是具体说明如何在实证中运用这些模型，讨论每个模型的优缺点，并提供每个模型什么时候使用以及为什么被使用的一些小技巧。另外，我们还讨论了关于TVP-VAR模型的一些最新的建模方法。本书的相关网站含有本书中所有模型的贝叶斯估计的Matlab程序。贝叶斯推断常常涉及马尔科夫链蒙特卡洛模拟（MCMC）后验模拟方法的使用，例如吉布斯抽样。在本书，我们提供了大部分模型MCMC算法的完整细节。然而，在某些情形下，我们只提供MCMC算法的一个概要。本书相关网站的使用手册中包含所有算法的完整细节。

实证宏观经济学是一个很广阔的领域，而VAR模型、TVP-VAR模型和因子模型只是这个领域中重要工具的一部分而已，简单提及一些本书没有涵盖的工具是有意义的。本书几乎没有涉及宏观经济学的基本理论以及如何将其引入到经济建模中去。例如，动态随机一般均衡（DSGE）模型的贝叶斯估计非常普遍。在本书，没有讨论DSGE模型（参见An和Schorfheide，2007，或Del Negro和Schorfheide，2010，提出的关于DSGE

贝叶斯方法的精彩处理；Chib 和 Ramamurthy，2010，提供了在 DSGE 模型计算方面最新的重大进展）。此外，为了更好地进行政策分析，宏观经济学理论常常通过提供一些标准的识别假设，将简约式的 VAR 模型转变为结构 VAR 模型。虽然在我们的实证例子中会使用标准的识别假设，并从结构 VAR 模型中得到脉冲响应函数，但我们不会讨论结构 VAR 模型。

同时，还有大量文献涉及通常可能被称为体制转换的模型。例如，马尔科夫转换 VAR 模型、门限 VAR 模型、平滑转换 VAR 模型和上下限 VAR 模型等。尽管这些模型很重要，但我们将不会讨论这些模型。

本书的余下部分结构如下：第 2 章提供一些关于 VAR 模型的讨论。一方面会介绍一些缩减先验分布类型（例如明尼苏达先验分布）；另一方面也会介绍有关在宏观经济学具体应用中如何寻找实证上合理约束的一些方法（如随机搜寻变量选择方法，即 SSVS 方法）以及相关的基本结论。我们的目的是将这些在 VAR 模型中使用的基本方法和先验分布扩展到时变参数的情形中。然而，在考虑这些扩展形式之前，第 3 章将讨论在状态空间模型中使用 MCMC 方法的贝叶斯推断。我们之所以这么做，是因为 TVP-VAR 模型（包含多元随机波动率的变体形式）也是状态空间模型，并且对于实证研究者来说，在构建 TVP-VAR 模型之前，熟练掌握状态空间模型中的贝叶斯计算工具是非常重要的。第 4 章我们将讨论 TVP-VAR 模型的贝叶斯推断，包含将明尼苏达先验分布或 SSVS 方法与标准 TVP-VAR 模型结合的变体形式。第 5 章讨论因子分析法，在构建因子增广型 VAR 模型（FAVAR 模型）和 TVP-FAVAR 模型之前，我们首先讨论动态因子模型。在本书，我们将使用一些实证范例，且构建这些例子的 Matlab 程序（或者更一般地说，在 VAR

模型、TVP-VAR模型和TVP-FAVAR模型中实施贝叶斯推断的程序），其在
本书的相关网站①中可获得。

## 第 2 章

贝叶斯 VAR 模型

2.1 简介和符号

VAR 模型可以表示为:

$$y_t = a_0 + \sum_{j=1}^{p} A_j y_{t-j} + \varepsilon_t \qquad (2-1)$$

其中, y_t (t=1, $\cdots$, T) 是一个包含 M 个时间序列变量观测值的 $M \times 1$ 的向量, ε_t 是误差项构成的 $M \times 1$ 的向量, a_0 是截距项构成的 $M \times 1$ 的向量, A_j 是一个 $M \times M$ 的系数矩阵。我们假设 ε_t 服从独立同分布的正态分布 $N(0, \Sigma)$。外生变量或者其他确定性项 (如确定趋势项或季节项) 可以很容易地加入到 VAR 模型中来, 在接下来几章的各种 VAR 模型的拓展形式中也很容易加入这些变量, 但是为了保持符号尽可能的简洁, 我们暂时不加入。

根据具体做法的不同, VAR 模型可以写成不同的矩阵形式。一些文献使用多元正态表示结果, 而其他文献使用矩阵变量的正态分布表示结果 (参见 Canova, 2007; Kadiyala 和 Karlsson, 1997)。如果我们使用 $MT \times 1$ 的向量 y 将第一个因变量所有 T 期观测值堆叠成一列, 然后再将第二个因变量的所有

T 期观测值堆叠成一列后排在后面，以此类推，这就是多元正态表示形式。如果我们定义 Y 是一个 $M \times T$ 的矩阵，并将每个自变量的 T 期观测值按照列依次排开，则属于矩阵正态分布表示形式。ε 和 E 分别表示与 y 和 Y 各自相对应的误差项的堆叠形式。定义 $x_t = (1, y'_{t-1}, \cdots, y'_{t-p})$ 且

$$X = \begin{bmatrix} x_1 \\ x_2 \\ \vdots \\ x_T \end{bmatrix} \tag{2-2}$$

注意，如果我们将 VAR 模型中每个方程系数的个数记为 $K = 1 + Mp$，则 X 是一个 $T \times K$ 矩阵。

最后，如果 $A = (a_0, A_1, \cdots, A_p)'$，我们定义 $\alpha = \text{vec}(A)$ 是将所有 VAR 模型的系数（包含截距项）堆叠成的一个 $KM \times 1$ 的向量。根据这些定义，我们可以将 VAR 模型表示为：

$$Y = XA + E \tag{2-3}$$

或者

$$y = (I_M \otimes X)\alpha + \varepsilon \tag{2-4}$$

其中，$\varepsilon \sim N(0, \Sigma \otimes I_T)$。

最大似然函数可以从样本密度函数 $p(y|\alpha, \Sigma)$ 中得到。如果它被看作是参数的函数，那么它可以分解成两个部分：一部分是给定 Σ 时 α 的条件分布，另一部分是 Σ^{-1}，服从威沙特分布[①]。即：

$$\alpha|\Sigma, y \sim N(\hat{\alpha}, \Sigma \otimes (X'X)^{-1}) \tag{2-5}$$

且

$$\Sigma^{-1}|y \sim W(S^{-1}, T - K - M - 1) \tag{2-6}$$

_____

① 在本书中，我们使用标准的符号规定来定义所有的分布,如威沙特分布。参见 Koop 等（2007）的附录。维基百科也是一个能迅速而容易地获取这些分布相关信息的来源。

其中，$\hat{A} = (X'X)^{-1}X'Y$ 是 A 的最小二乘估计量，且 $\hat{\alpha} = \mathrm{vec}(\hat{A})$ 和 $S = (Y - X\hat{A})'(Y - X\hat{A})$。

2.2 先验分布

VAR 模型中会采用各种各样的先验分布，下面我们只讨论一些实用的先验分布。它们的不同之处与以下三点有关。

第一，VAR 模型不是简约的模型，它们含有大量的系数。例如，α 含有 KM 个系数，对于一个含有 5 个因变量滞后 4 阶的 VAR（4）模型，则有 105 个系数。当使用季度宏观数据时，每个变量的观测值的个数可能最多只有数百个。因此当缺乏先验信息时，想获得这么多系数的精确估计量是很困难的。模型的一些内容，诸如脉冲响应函数和预测等的估计可能非常不准确（也就是说，后验分布或预测标准误差将会特别大）。由于这个原因，更合理的是采用"缩减"预测，而先验信息则为实施缩减法提供了合理的方式。下面讨论的先验分布因它们所实现的目标不同而有所差异。

第二，VAR 模型所使用的先验分布不同源于两个方面：一方面，这种先验分布是否能得到后验分布和预测密度函数的解析结果；另一方面，这种先验分布是否需要 MCMC 方法来实施贝叶斯推断。在 VAR 模型中使用自然共轭先验分布可以得到解析结果，这可以大大降低计算的负担。特别是正在进行需要重复计算后验和预测分布的递归预测操作时，那么使用非共轭先验分布的 MCMC 方法将需要进行大量的计算工作。

第三，这些先验分布的不同之处还在于其是否也能比较容易地处理如式（2-1）所示的无约束 VAR 模型的各种拓展形式，例如允许不同的方程拥有不同的解释变量，允许 VAR 模型的系数随时间发生变化，允许误差项具有不同形式的异方差结构等等。而自然共轭先验分布通常不适合这些扩展的 VAR模型。

2.2.1　明尼苏达先验分布

关于含有缩减先验分布的贝叶斯VAR模型，明尼苏达大学和明尼阿波利斯联邦储备银行的研究人员进行了一些早期工作（参见Doan等，1984；Litterman，1986）。他们所使用的先验分布后来被称为明尼苏达先验分布。他们基于一个近似方法来大大简化先验分布的抽样和计算。这种近似方法使用估计量$\hat{\Sigma}$来替换Σ。初始的明尼苏达先验分布甚至通过假设Σ是一个对角矩阵来进一步简化。在这种情况下，VAR模型的每个方程都能被逐次估计出来，且我们可以设定$\hat{\sigma}_{ii} = s_i^2$（$s_i^2$是第$i$个方程的误差项方差的标准最小二乘估计量，$\hat{\sigma}_{ii}$是$\hat{\Sigma}$的第$ii$个元素）。当$\Sigma$不能被假定为对角矩阵时，可以采用诸如$\hat{\Sigma} = S/T$的简单估计量。这种方法的缺点是它使用单一估计量（可能是一种潜在较差的估计量）来替换含有未知参数的矩阵而不是像在贝叶斯方法中将其积分掉。贝叶斯方法能得到预测密度函数，这能更精确地反映参数的不确定性。然而，正如下面我们所看到的，由于解析形式的后验分布和预测结果可以直接得到，使用估计量替换Σ可简化计算，而且在选择先验上它允许较大程度的灵活性。如果不采用估计量替换Σ，只有使用自然共轭先验分布的完全贝叶斯方法可得到解析结果。正如我们所看到的，自然共轭先验也具有某些限制性特征，在一些情况下它可能不具有吸引力。

当使用估计量替换Σ时，我们只用关注α的先验分布，明尼苏达先验分布假设如下：

$$\alpha \sim N(\underline{\alpha}_{Mn}, \underline{V}_{Mn}) \tag{2-7}$$

明尼苏达先验分布可以被当作自动选择$\underline{\alpha}_{Mn}$和$\underline{V}_{Mn}$的一种方法，这种选取方式在许多实证文献中也被认为是合理的。为了解释明尼苏达先验分布，首先要注意的是在VAR模型中每个方程的因变量可以分为因变量自身的滞后项、其他因变量滞后项以及外生变量或确定性变量（在式（2-1）中截距项是唯一的外生变量，但一般来说可以包含更多的外生变量）。

对于先验分布的均值 $\underline{\alpha}_{Mn}$，明尼苏达先验分布设定它的大部分或者全部的分量为零（因此确保VAR模型的系数缩减到零，并减轻过度拟合的风险）。当使用增长率数据时（例如，GDP增长率、货币供应量增长率等，它们通常被认为是平稳的且表现出较少的持续性），简单设定 $\underline{\alpha}_{Mn} = 0_{KM}$ 是合理的。然而，当使用水平数据时（例如，GDP、货币供应量等），明尼苏达先验分布使用先验均值表示相信每个单独的变量呈现出随机游走过程。因此，除了每个方程中因变量的第一个自身滞后项所对应的元素被设定为1外，设定 $\underline{\alpha}_{Mn} = 0_{KM}$。这些是选择 $\underline{\alpha}_{Mn}$ 的传统方式，但任何其他方法也都是可以接受的。例如，在我们的实证示例中，我们设定第一个因变量自身滞后项系数的先验均值为0.9，这反映出先验分布相信该变量表现出一定程度上的持续性，但并不是单位根过程。

明尼苏达先验分布假设先验协方差矩阵 $\underline{V}_{Mn}$ 是对角矩阵。如果我们让 $\underline{V}_i$ 表示其中对应方程 i 的 K 个系数的分块矩阵，且 $\underline{V}_{i,jj}$ 是它的对角化元素，那么明尼苏达先验分布的常用设定可表示为：

$$\underline{V}_{i,jj} = \begin{cases} \dfrac{\underline{a}_1}{r^2}, & \text{对于自身滞后} r \text{阶的系数}, r = 1, \cdots, p \\[2mm] \dfrac{\underline{a}_2 \sigma_{ii}}{r^2 \sigma_{jj}}, & \text{对于} j \neq i \text{变量的自身滞后} r \text{阶的系数}, r = 1, \cdots, p \\[2mm] \underline{a}_3 \sigma_{ii}, & \text{对于外生变量的系数} \end{cases} \tag{2-8}$$

这个先验分布通过选择3个标量 $\underline{a}_1$、$\underline{a}_2$、$\underline{a}_3$ 从而简化了需要完全确定

$\underline{V}_{Mn}$ 的所有元素的复杂方法。这种形式能捕捉一些合理的特征。当滞后期增加时，系数逐渐缩减趋向于零，且自身滞后项相比其他变量的滞后项在预测中的作用将更加重要（设定 $\underline{a}_1 > \underline{a}_2$）。对 $\underline{a}_1$、$\underline{a}_2$、$\underline{a}_3$ 值的准确选择依赖于实际的具体案例，并且研究者可能希望选取不同的值进行试验。通常我们设定 $\sigma_{ii} = s_i^2$。Litterman（1986）提供了许多有关这些选择的其他的研究动机和相关的讨论（例如，对 σ_{ii}/σ_{jj} 项如何根据变量不同的测量单位而调整进行了解释）。

在一些特定研究中，由于研究者经常通过对先验分布进行微调来改变先验设定，明尼苏达先验分布的许多变体形式已经被实证研究采用（例如，Kadiyala 和 Karlsson，1997，在式（2-8）用 r 替代 r^2 来除先验方差）。因为明尼苏达先验分布的简洁和许多实证运用的成功，所以它备受追捧，尤其是当涉及预测时。例如，Banbura 等（2010）在一个含有超过 100 个因变量的大型 VAR 模型中使用明尼苏达先验分布的微调形式。如此大型的面板数据通常需要使用因子分析法，但 Banbura 等（2010）发现明尼苏达先验分布可得到比因子分析法更好的预测表现。

明尼苏达先验分布的巨大优势是只涉及正态分布却能得到简单的后验推断。α 的后验分布形式可以表示为：

$$\alpha|y \sim N\left(\bar{\alpha}_{Mn}, \bar{V}_{Mn}\right) \tag{2-9}$$

其中

$$\bar{V}_{Mn} = \left[\underline{V}_{Mn}^{-1} + \left(\hat{\Sigma}^{-1} \otimes \left(X'X\right)\right)\right]^{-1}$$

且

$$\bar{\alpha}_{Mn} = \bar{V}_{Mn}\left[\underline{V}_{Mn}^{-1}\underline{\alpha}_{Mn} + \left(\hat{\Sigma}^{-1} \otimes X\right)'y\right]$$

但是，正如上文所强调的那样，明尼苏达先验分布的一个缺点是无法提

供将 Σ 作为一个未知参数矩阵的完全贝叶斯处理，而是简单地将 $\Sigma = \hat{\Sigma}$ 带入，忽视这些参数的任何不确定性。在本章的余下部分，我们将讨论将 Σ 当作未知参数矩阵的处理方法。然而，正如我们所看到的，这也意味着（除了一个具有限制性的特殊例子外）解析方法不能使用，需要使用 MCMC 方法。

2.2.2 自然共轭先验分布

自然共轭先验分布是指先验分布、极大似然函数和后验分布来自于同一个分布族。我们之前对于 VAR 模型的极大似然函数的讨论（参见式（2-5）和式（2-6）），其表明自然共轭先验分布有如下形式：

$$\alpha|\Sigma \sim N(\underline{\alpha}, \Sigma \otimes \underline{V}) \tag{2-10}$$

且

$$\Sigma^{-1} \sim W(\underline{S}^{-1}, \underline{\nu}) \tag{2-11}$$

其中，$\underline{\alpha}$、$\underline{V}$、$\underline{\nu}$ 和 $\underline{S}$ 是研究者所选择的先验分布的超参数。

先验分布如此设定，后验分布便可以表示为：

$$\alpha|\Sigma, y \sim N(\bar{\alpha}, \Sigma \otimes \bar{V}) \tag{2-12}$$

且

$$\Sigma^{-1}|y \sim W(\bar{S}^{-1}, \bar{\nu}) \tag{2-13}$$

其中

$$\bar{V} = [\underline{V}^{-1} + X'X]^{-1}$$

$$\bar{A} = \bar{V}[\underline{V}^{-1}\underline{A} + X'X\hat{A}]$$

$$\bar{\alpha} = \text{vec}(\bar{A})$$

$$\bar{S} = S + \underline{S} + \hat{A}'X'X\hat{A} + \underline{A}'\underline{V}^{-1}\underline{A} - \bar{A}'(\underline{V}^{-1} + X'X)\bar{A}$$

且

$$\bar{\nu} = T + \underline{\nu}$$

在之前的公式中，我们使用的符号为 A，A 是一个从 $KM \times 1$ 向量 α 分拆成

的 $K \times M$ 的矩阵。

利用 α 的边际后验分布（也就是把 Σ 积分掉）是多元 t 分布的事实，可以对 VAR 模型系数进行后验推断。这个 t 分布的均值是 $\bar{\alpha}$，它的自由度参数是 $\bar{\nu}$，且它的协方差矩阵是：

$$\text{var} (\alpha | y) = \frac{1}{\bar{\nu} - M - 1} \bar{S} \otimes \bar{V}$$

利用这些事实可以在这个模型中实施后验推断。

在这个模型中的 y_{T+1} 的预测值的分布具有解析形式，而且它是多元 t 分布且自由度为 $\bar{\nu}$。y_{T+1} 的预测均值为 $(x_{T+1} \bar{A})'$，它可以用作点预测。相应的预测协方差矩阵为 $\frac{1}{\bar{\nu} - 2} [1 + x_{T+1} \bar{V} x'_{T+1}] \bar{S}$。当向前预测超过一期时，预测密度的解析公式将不存在。这意味着必须使用直接预测方法（即将问题转化为只向前预测一期）或者需要进行预测模拟。

先验分布的超参数 $\underline{\alpha}$、$\underline{V}$、$\underline{\nu}$ 和 $\underline{S}$ 可以被选为任何值。通过设定 $\underline{\nu} = \underline{S} = \underline{V}^{-1} = cI$ 并使 $c \to 0$ 可获得无信息先验分布。可以证明这样可得到与基于通常的 OLS 估计量一样的后验分布和预测结果。无信息先验分布的缺点是没有使用任何缩减技术，而缩减技术被认为在 VAR 模型的建模中十分重要。

因此，对于自然共轭先验分布，解析结果的存在能允许其进行贝叶斯估计和预测。除非关注的兴趣点在参数的非线性函数上（例如，在结构 VAR 模型中进行脉冲响应分析，参见 Koop，1992），我们没有必要使用后验模拟算法。脉冲响应的后验分布可通过蒙特卡洛积分获得。也就是说，Σ^{-1} 的抽样可从式（2-13）中获得，以 Σ^{-1} 为条件的 α 的抽样可以从式（2-12）得到。[①]使用 Σ^{-1} 和 α 的抽样值可计算得到脉冲响应函数的抽样值。

---

① α 的抽取也可以直接从它的多元 t 分布的边际后验分布中得到。

然而，在一些情形下，这种先验分布有两个特征不是合意的。第一个是在式（2-4）中解释变量的$(I_M \otimes X)$项意味着每个方程必须有同样的解释变量集合。这对于无约束 VAR 模型是合适的，但如果研究者想施加约束则是不适宜的。例如，假设研究者在处理包含产出增长率和货币供应量增长率的 VAR 模型时，想施加严格的货币中性约束。这意味着在产出增长率的方程中货币增长率的滞后期变量的系数应为零（但是在其他方程中货币增长率的滞后期变量的系数不为零），但是当使用自然共轭先验分布时无法施加这样的约束。

为解释这种先验分布第二个可能不合意的性质，我们引入一种表示方法。其中，σ_{ij}代表Σ的每个元素。先验协方差矩阵形式为$\Sigma \otimes \underline{V}$（这对于保证先验分布是自然共轭是必要的），这表明在方程i中系数的先验协方差为$\sigma_{ii}\underline{V}$。这意味着任何两个方程的系数的先验协方差必须相互成比例，这可能是一种限制性特征。在我们的例子中，研究者如果相信货币中性可能希望执行如下操作：在产出增长率方程中，货币增长率滞后期系数的先验均值必须为零，且先验协方差矩阵应特别小（即表达这些系数十分接近零的先验信念）。在其他方程中，货币增长率滞后期系数的先验协方差矩阵应该非常大。自然共轭先验分布不允许我们使用这种形式的先验信息，明尼苏达先验分布也不允许。这是因为在式（2-8）中的明尼苏达先验分布中，协方差矩阵被写成分块矩阵的形式，即用包含下标i的$\underline{V}_{i,jj}$表示，而在自然共轭先验分布中不允许这些分块矩阵在不同方程之间变化。

当我们使用自然共轭先验分布时应该注意到这两个特征。这种自然共轭先验分布的推广可以克服这些问题，如 Kadiyala 和 Karlsson（1997）提出扩展的自然共轭先验分布。然而，这些推广失去了本章所提到的自然共轭先验分布的巨大优点，即解析结果可以得到且不需要后验模拟。

自然共轭先验分布的特性是由于先验分布和极大似然函数拥有相同的分布形式，这种先验分布可以被认为来自虚拟样本。例如，式（2-5）和式（2-10）的对比表明，$\hat{\alpha}$ 和 $(X'X)^{-1}$ 在极大似然函数中的作用与 $\underline{\alpha}$ 和 $\underline{V}$ 在先验分布中的作用相同。后者可以被解释为来自一个虚拟样本（也被称为"虚拟观测值"），Y_0 和 X_0（例如，$\underline{V} = (X'_0 X_0)^{-1}$ 且 $\underline{\alpha}$ 基于 OLS 估计量 $(X'_0 X_0)^{-1} X'_0 Y_0$）。这种解释由 Sims（1993）、Sims 和 Zha（1998）提出。从某种层面来讲，这种观点提供了另外一种简单的方式来理解为什么鼓励 $\underline{\alpha}$ 和 $\underline{V}$ 的选择取自于 Y_0 和 X_0 的特定选择。Sims 和 Zha（1998）还展示了如何用虚拟观测值的方法来得到结构 VAR 模型的先验。在本书，我们将重点关注计量经济学而不是宏观经济学问题。因此，我们将处理简约式的 VAR 模型，而对结构 VAR 模型不会涉及太多。正如在这里讨论的，我们只是注意到在结构 VAR 模型的后验推断常常依据 VAR 模型的简约形式，但 VAR 模型的系数必须转化成原来的结构 VAR 模型以给它们一个结构化的解释（参见 Koop，1992，一个简单例子）。例如，结构 VAR 模型常常可以写成：

$$C_0 y_t = c_0 + \sum_{j=1}^{p} C_j y_{t-j} + u_t \tag{2-14}$$

其中，u_t 服从独立同分布的正态分布 $N(0, I)$。恰当的识别约束将会提供一个从式（2-1）中简约式 VAR 模型的参数到结构 VAR 模型参数的一一对应。在这种情况下，通过在简约式 VAR 模型中使用后验模拟方法，然后将每次抽样转化为从结构 VAR 模型中抽样，贝叶斯推断就能在结构 VAR 模型中实施。在一一对应关系不存在的模型里（如过度识别的结构 VAR 模型），其他后验推断的方法也存在（参见 Rubio-Ramirez 等，2010）。

当讨论这样的结构 VAR 模型和简约式 VAR 模型一一对应关系不存在的

宏观经济学问题时，值得注意的是越来越多的文献使用经济学理论（例如，真实商业周期模型或DSGE模型）来得到VAR模型的先验分布。经典的例子包括Ingram和Whiteman（1994）、Del Negro和Schorfheide（2004），本书将不讨论这些。

最后，值得一提的是Villani（2009）有关VAR模型的稳态先验分布的贡献。我们强调先验信息在过度参数化的VAR模型中之所以重要，是因为它们是确保缩减的一种方法。然而，之前讨论的大部分缩减技术与VAR模型的系数相关。通常，研究者拥有他们构建的VAR模型中变量的无条件均值（即稳态值）的大量信息，很合理地想到可以将这些信息作为VAR模型中缩减的另外来源。然而，在式（2-1）的VAR模型中这样做并不容易，因为截距项无法直接解释为VAR模型中模型变量的无条件均值。Villani（2009）建议将VAR模型写成如下形式：

$$\tilde{A}(L)(y_t - \tilde{a}_0) = \varepsilon_t \tag{2-15}$$

其中，$\tilde{A}(L) = I - \tilde{A}_1 L - \cdots - \tilde{A}_p L^p$，$L$是滞后算子，$\varepsilon_t$服从独立同分布（i.i.d.）的正态分布$N(0, \Sigma)$。在这一参数化过程时，$\tilde{a}_0$可以被解释为因变量的无条件矩阵的向量，它的先验分布反映了研究者对它们稳态值的信念。对于$\tilde{A}(L)$和Σ来说，之前讨论（或接下来提到）的先验分布之一都可以采用。这种方法的缺点是后验分布的解析形式不存在。然而，在这个模型中Villani（2009）通过构建吉布斯样本来进行贝叶斯推断。

2.2.3 独立正态-威沙特先验分布

自然共轭先验分布能得到解析结果，这在进行后验推断和预测时有巨大的优势。然而，正如前文所提到的，它也有诸多缺点（即它假设每个方程有相同的解释变量且限制任何两个方程的系数的先验协方差必须相互成比例）。

因此，在本节中，我们将引入更一般形式的 VAR 模型的建模框架。在这些模型中需要使用例如吉布斯采样这样的后验模拟算法。自然共轭先验分布使得 $\alpha|\Sigma$ 是正态分布，Σ^{-1} 是威沙特分布。注意到 α 的先验分布依赖于 Σ，表明 α 和 Σ 不是相互独立的。在本节中，我们将处理一种 VAR 模型的系数和误差协方差矩阵相互独立的先验分布（因此称之为"独立正态–威沙特先验分布"）。

为了允许 VAR 模型的不同方程有不同的解释变量，我们必须稍微修改我们之前的符号。为避免任何可能的混淆，我们在有约束 VAR 模型中使用"β"替代 α 来表示 VAR 模型的系数。我们将每个 VAR 模型的方程表示如下：

$$y_{mt} = z'_{mt}\beta_m + \varepsilon_{mt}$$

其中，$t = 1, \cdots, T$ 个观测值对应 $m = 1, \cdots, M$ 个变量。y_{mt} 是第 m 个变量的第 t 个观测值。z_{mt} 是一个 k_m 维向量，包含第 m 个变量对应的解释变量矩阵的第 t 个观测值。β_m 是 k_m 维向量相对应的回归系数。如果对 $m = 1, \cdots, M$ 而言，$z_{mt} = (1, y'_{t-1}, \cdots, y'_{t-p})$，则我们可得到前文的无约束 VAR 模型。然而，通过允许 z_{mt} 在不同方程中变化，我们将可以得到受约束 VAR 模型（即允许因变量滞后期的某些系数被约束为零）。

我们可以将所有方程堆叠成向量或矩阵的形式，形如：$y_t = (y_{1t}, \cdots, y_{Mt})'$，$\varepsilon_t = (\varepsilon_{1t}, \cdots, \varepsilon_{Mt})'$ 以及

$$\beta = \begin{pmatrix} \beta_1 \\ \vdots \\ \beta_M \end{pmatrix}$$

$$Z_t = \begin{pmatrix} z'_{1t} & 0 & \cdots & 0 \\ 0 & z'_{2t} & & \vdots \\ \vdots & & & 0 \\ 0 & \cdots & 0 & z'_{Mt} \end{pmatrix}$$

其中，β 是一个 $k \times 1$ 的向量，Z_t 是一个 $M \times k$ 的矩阵且 $k = \sum_{j=1}^{M} k_j$。和之前一

样，我们假设 ε_t 服从 i.i.d 的正态分布 $N(0,\Sigma)$。

使用这种符号，我们可以将（可能是受约束的）VAR 模型写成：

$$y_t = Z_t \beta + \varepsilon_t \tag{2-16}$$

堆叠成如下所示：

$$y = \begin{pmatrix} y_1 \\ \vdots \\ y_T \end{pmatrix}$$

$$\varepsilon = \begin{pmatrix} \varepsilon_1 \\ \vdots \\ \varepsilon_T \end{pmatrix}$$

$$Z = \begin{pmatrix} Z_1 \\ \vdots \\ Z_T \end{pmatrix}$$

我们可以写为：

$$y = Z\beta + \varepsilon$$

其中，$\varepsilon \sim N(0, I \otimes \Sigma)$。

可以看到受约束 VAR 模型可以写成一个含有特殊的误差协方差矩阵形式的正态线性回归模型。这个模型（没有包含自然共轭先验分布中内存的约束）中最一般的先验分布是独立正态-威沙特先验分布：

$$p(\beta, \Sigma^{-1}) = p(\beta) p(\Sigma^{-1})$$

其中

$$\beta \sim N(\underline{\beta}, \underline{V}_\beta) \tag{2-17}$$

且

$$\Sigma^{-1} \sim W(\underline{S}^{-1}, \underline{\nu}) \tag{2-18}$$

注意，这种先验分布允许先验协方差矩阵 $\underline{V}_\beta$ 是研究者所选择的任何形式，而不必是自然共轭先验分布所限制的形式 $\Sigma \otimes \underline{V}$。例如，研究者可以设

定 $\underline{\beta}$ 和 $\underline{V}_\beta$ 相同，便与明尼苏达先验分布一样。当设定 $\underline{v} = \underline{S} = \underline{V}_\beta^{-1} = 0$ 时就是无信息先验分布。

使用这种先验分布，联合后验密度 $p(\beta, \Sigma^{-1}|y)$ 没有适当的形式以便利地进行贝叶斯分析（例如，后验均值和方差没有解析形式）。然而，条件后验分布密度 $p(\beta|y, \Sigma^{-1})$ 和 $p(\Sigma^{-1}|y, \beta)$ 有简单的形式：

$$\beta|y, \Sigma^{-1} \sim N(\bar{\beta}, \bar{V}_\beta) \qquad (2\text{-}19)$$

其中，

$$\bar{V}_\beta = (\underline{V}_\beta^{-1} + \sum_{t=1}^{T} Z'_t \Sigma^{-1} Z_t)^{-1}$$

且

$$\bar{\beta} = \bar{V}_\beta (\underline{V}_\beta^{-1} \beta + \sum_{t=1}^{T} Z'_t \Sigma^{-1} y_t)$$

此外，

$$\Sigma^{-1}|y, \beta \sim W(\bar{S}^{-1}, \bar{v}) \qquad (2\text{-}20)$$

其中，

$$\bar{v} = T + \underline{v}$$

且

$$\bar{S} = \underline{S} + \sum_{t=1}^{T} (y_t - Z_t \beta)(y_t - Z_t \beta)'$$

因此，可以直接编写从正态分布 $p(\beta|y, \Sigma)$ 和威沙特分布 $p(\Sigma^{-1}|y, \beta)$ 中进行吉布斯采样的程序。运用吉布斯采样，后验模拟结果可以被用来计算参数的任何函数和边际似然函数（用于模型比较）的后验特征或者被用于预测。

对于 VAR 模型，Z_τ 将包含变量的滞后期，因此包含 $\tau-1$ 期或更早期的信息。在给定模型参数的条件下，向前一步预测值（即给定 $\tau-1$ 期的全部信息，在时间 τ 进行预测）的条件分布为：

$$y_\tau | Z_\tau, \beta, \Sigma \sim N(Z_t \beta, \Sigma)$$

这个结果结合吉布斯采样就可以产生 $\beta^{(r)}$, $\Sigma^{(r)}$ 的抽样值 ($r = 1, \cdots, R$)，从而进行预测推断。[①] 例如，预测均值（一种通常的点预测）可从下面公式得到：

$$E(y_\tau | Z_\tau) = \frac{\sum_{r=1}^{R} Z_t \beta^{(r)}}{R}$$

其他预测矩可以用相似的形式计算得到。在每一次吉布斯采样抽取完成时也可以进行预测模拟，但这对计算量要求很高。对于预测长度超过 1 时，一般不采用这种方法。这里关于 VAR 模型中预测的技术对于接下来讨论的任何先验分布或拓展模型也适用。

2.2.4　VAR 模型中的随机搜寻变量选择方法（SSVS）

George 等（2008）使用了 SSVS 方法。在之前的章节中，我们已经描述了无约束和受约束 VAR 模型的各种允许 VAR 模型系数进行缩减的先验分布。然而，这些方法需要来自研究者的大量先验信息输入（这种先验输入可以有诸如明尼苏达先验分布这样的自动化形式）。另外一种先验分布，在某种意义上可以进行缩减且能得到受约束 VAR 模型，同时又以自动化形式来实现，只需要研究者最小程度的先验输入。与这种先验分布相关的方法被称为 SSVS 方法，而且变得越来越普遍，因此我们将详细地描述它们。有多种方法可以实现 SSVS，这里我们只介绍 George 等（2008）的方法。

SSVS 方法的基本想法可以十分简单。假设 α_j 是一个 VAR 模型的系数。SSVS 方法不是简单地使用之前的先验分布（如式（2-10）），而是指定一个由两个正态分布混合而成的分层先验分布（即以参数形式表示的先验分布，

---

① 　通常，一些初期抽样作为"燃烧期"会被丢弃。因此，$r = 1, \cdots, R$ 应该从燃烧期后算起。

这些参数本身又拥有先验分布）：

$$\alpha_j|\gamma_j \sim (1-\gamma_j)N(0,\kappa_{0j}^2)+\gamma_j N(0,\kappa_{1j}^2) \tag{2-21}$$

其中，γ_j是一个虚拟变量。如果γ_j等于1，那么α_j从第二个正态分布中抽取；如果γ_j等于0，那么α_j从第一个正态分布中抽取。由于γ_j被当作未知参数且从数据中估计，因此这个先验分布是分层的。这种先验分布的SSVS特征呈现出来，是因为我们选择第一个先验方差κ_{0j}^2是"小的"（因此这个系数被限制在0附近），第二个先验方差κ_{1j}^2是"大的"（表明相应的系数拥有一个相对无信息先验分布）。下面我们将描述George等（2008）称为"默认半自动方法"来选择κ_{0j}^2和κ_{1j}^2，它对来自研究者主观先验信息输入的要求最少。

由于SSVS方法能基于数据来设定$\gamma_j = 0$且（无论出于何种目的）可以从模型中删除相应的滞后因变量，因此它可以被认为自动选择一个受约束VAR模型。同时，由于VAR模型的系数可以被缩减到零，SSVS方法又被认为是一种缩减技术。

使用SSVS先验分布，研究者可以在无约束VAR模型中进行贝叶斯分析，然后利用这些分析得到的结果来选择一个受约束的VAR模型（例如，可以用无信息先验分布或独立正态-威沙特先验分布来估计它）。这可以通过运用后验密度$p(\gamma|y)$（其中，$\gamma = (\gamma_1,\cdots,\gamma_{KM})'$）来完成。一个常用方法是使用$\hat{\gamma}$，即$p(\gamma|y)$的众数。这将是一个包含0和1的向量，因此研究者可以简单地将0对应的解释变量剔除。Fernandez等（2001）讨论了这种方法与传统模型中使用信息准则的方法（例如，赤池信息准则或贝叶斯信息准则）之间的关系。另外，如果简单运行下文将描述的MCMC算法且使用MCMC的结果来计算VAR模型系数的后验分布，则这个结果将是贝叶斯模型平均

（BMA）。

在本节，我们关注 SSVS 方法，但许多用于选择有约束模型或进行贝叶斯模型平均的其他贝叶斯方法是值得一提的。在所考虑模型的数目较小的情况下，可以简单计算每个模型的边际似然函数，并将它们作为权重来进行贝叶斯模型平均，也可以简单地选择边际似然函数最大的单个模型，这些都是可以接受的。本书所讨论的多元时间序列的边际似然函数可以使用多种方法来计算（参见第 3 章）。在所考虑模型的数目比较大的情况下，各种其他的方法已经被推荐采纳，参见 Green（1995）、Carlin 和 Chib（1995）。Chipman 等（2001）提供了贝叶斯模型选择的综述，特别是在具体实际问题中有关先验抽取及其引致的后验模拟的讨论。

SSVS 方法允许我们进行无约束 VAR 模型分析，然后利用算法来选择出合适的受约束 VAR 模型。于是我们将回到无约束 VAR 模型的符号（参见 2.1 节）。无约束 VAR 模型可以写成式（2-3）的形式，且 α 是 VAR 模型系数的 $KM \times 1$ 向量。SSVS 方法可以解释为定义了一个 α 和 Σ 所有元素的分层先验分布。给定式（2-21），α 的先验分布可以更简洁地写为：

$$\alpha | \gamma \sim N(0, D, D) \tag{2-22}$$

其中，D 是一个对角矩阵，d_j 表示第 (j, j) 个元素，则

$$d_j = \begin{cases} \kappa_{0j}, & \text{如果} \gamma_j = 0 \\ \kappa_{1j}, & \text{如果} \gamma_j = 1 \end{cases} \tag{2-23}$$

注意到这个先验分布相当于一个如式（2-21）所表示的两个正态分布的混合。

George 等（2008）介绍了一种"默认半自动方法"来选择先验分布的超参数 κ_{0j} 和 κ_{1j}，即设定 $\kappa_{0j} = c_0 \sqrt{v\hat{a}r(\alpha_j)}$ 和 $\kappa_{1j} = c_1 \sqrt{v\hat{a}r(\alpha_j)}$。其中，$v\hat{a}r(\alpha_j)$ 是一个无约束 VAR 模型的系数方差估计值（例如，最小二乘估计值或使用无

信息先验分布基于 VAR 模型初步贝叶斯估计得到的估计值)。事先选择的常数 c_0 和 c_1 必须满足 $c_0 \ll c_1$ (例如, $c_0 = 0.1$ 和 $c_1 = 10$)。

对于 $\gamma = (\gamma_1, \cdots, \gamma_{KM})'$, SSVS 先验分布假设每个分量有一个贝努利分布形式 (独立于 γ 的其他元素)。因此, 对于 $j = 1, \cdots, KM$, 我们得到

$$\Pr(\gamma_j = 1) = \underline{q}_j$$
$$\Pr(\gamma_j = 0) = 1 - \underline{q}_j \qquad (2\text{-}24)$$

对于所有 j 的自然默认选择是 $\underline{q}_j = 0.5$, 这表明每个系数以同样的概率被包含或排除在外。

至今, 我们还没有讨论过 Σ 的先验分布, (为了简洁) 我们将不提供有关它的细节。只需注意到如果 Σ^{-1} 使用如式 (2-18) 的威沙特先验分布, 则吉布斯采样算法的相应模块中可以采用与式 (2-20) 十分相似的公式。George 等 (2008) 所使用 Σ 的先验分布也能使他们对误差协方差矩阵进行 SSVS。虽然他们常常假设 Σ 的对角元素是正的 (以确保误差协方差矩阵是正定的), 但允许决定矩阵下对角元素的参数拥有 SSVS 先验分布, 因此能够对 Σ 施加约束。我们建议感兴趣的读者参考 George 等 (2008) 或与本书相关网站上的手册来获取具体细节。

带有 SSVS 先验分布的 VAR 模型中的后验分布计算可以使用吉布斯采样算法来实现。对于 VAR 模型的系数, 我们有:

$$\alpha | y, \gamma, \Sigma \sim N(\bar{\alpha}_\alpha, \bar{V}_\alpha) \qquad (2\text{-}25)$$

其中,

$$\bar{V}_\alpha = [\Sigma^{-1} \otimes (X'X) + (DD)^{-1}]^{-1},$$

$$\bar{\alpha}_\alpha = \bar{V}_\alpha [(\Psi\Psi') \otimes (X'X) \hat{\alpha}]$$

$$\hat{A} = (X'X)^{-1} X'Y$$

且

$$\hat{\alpha} = \text{vec}(\hat{A})$$

γ 和 γ_j 的条件后验分布可以是独立且服从贝努利分布的随机变量:

$$
\begin{aligned}
\Pr(\gamma_j = 1 | y, \alpha) &= \bar{q}_j \\
\Pr(\gamma_j = 0 | y, \alpha) &= 1 - \bar{q}_j
\end{aligned}
\tag{2-26}
$$

其中,

$$
\bar{q}_j = \frac{\dfrac{1}{\kappa_{1j}} \exp\left(-\dfrac{\alpha_j^2}{2\kappa_{1j}^2}\right)\underline{q}_j}{\dfrac{1}{\kappa_{1j}} \exp\left(-\dfrac{\alpha_j^2}{2\kappa_{1j}^2}\right)\underline{q}_j + \dfrac{1}{\kappa_{0j}} \exp\left(-\dfrac{\alpha_j^2}{2\kappa_{0j}^2}\right)(1 - \underline{q}_j)}
$$

因此, 在这个模型中利用涉及正态分布和贝努利分布 (或者伽马分布、威沙特分布依赖于 Σ^{-1} 选择何种先验) 的吉布斯采样可以进行后验推断。

Korobilis (2009b) 使用了SSVS方法。刚才描述的SSVS方法是比较常见的。然而, 用于VAR模型中的自动模型选择还有其他相似的方法。特别地, George等 (2008) 的方法包含选择较小的先验方差 κ_{0j}。读者可能会问为什么不设定其正好等于0? 在相关论文的回归模型中已经这么做了, 如在 Kuo 和 Mallick (1997) 中如果 $\gamma_j = 0$ 则将系数恰好限制为0。这么做有时会引起一些细微的统计问题。[①]Korobilis (2009b) 已经将这种方法扩展到VAR模型中。与 George 等 (2008) 的方法不同, 这种方法可以得到受约束VAR模型 (与无约束VAR模型中对一些参数施加非常紧的先验不同), 我们回到受约束VAR模型的符号, 对它进行稍微修改。特别地, 将式 (2-16) 替换为:

---

① 例如,在渐近意义下,这样的先验分布对于所有的 j 总是将 γ_j 设定1。

$$y_t = Z_t \tilde{\beta} + \varepsilon_t \qquad\qquad (2\text{-}27)$$

其中，$\tilde{\beta} = \tilde{D}\beta$ 且 $\tilde{D}$ 是一个对角矩阵，第 j 个对角元素是 γ_j（这里，γ_j 和之前一样，是一个虚拟变量）。这个模型允许每个 VAR 模型系数被设定为 0（如果 $\gamma_j = 0$）或不受约束（如果 $\gamma_j = 1$）。

使用这种先验分布能使贝叶斯推断变得非常直接。对于必要的 MCMC 算法的具体细节，参见 Korobilis（2009b）和与本书相关网站上的手册。然而，这种算法隐含的想法可以被十分简单地解释。在给定 γ 的条件下，这个模型是受约束 VAR 模型，且在 2.2.2 节中独立正态-威沙特分布所采用的 MCMC 算法仍能被使用。因此，现在所需要的是从 γ 的条件分布中抽样的方法（给定 VAR 模型参数的条件下 γ 的条件分布）。Korobilis（2009b）推导出了必要的分布形式。

2.2.5 贝叶斯 VAR 模型方法的实证示例

为了运用之前描述的一些先验分布和方法来解释贝叶斯 VAR 方法，我们使用美国的季度数据集，包括通货膨胀率 $\Delta \pi_t$（滚动加权 GDP 价格指数的年度变化百分比），失业率 u_t（季度调整的居民失业率，所有工作者 16 岁以上）和利率（3 个月国库券到期收益率 r_t）。因此，$y_t = (\Delta \pi_t, u_t, r_t)'$。样本区间为 1953Q1 到 2006Q3。这 3 个变量在新凯恩斯 VAR 模型中经常被使用。[①]使用这些或类似变量的例子包括 Cogley 和 Sargent（2005）、Primiceri（2005）和 Koop 等（2009）。这些变量的趋势图如图 2-1 所示。

---

① 这些数据来自圣路易斯联邦储备银行网站, http://research.stlouisfed.org/fred2/。

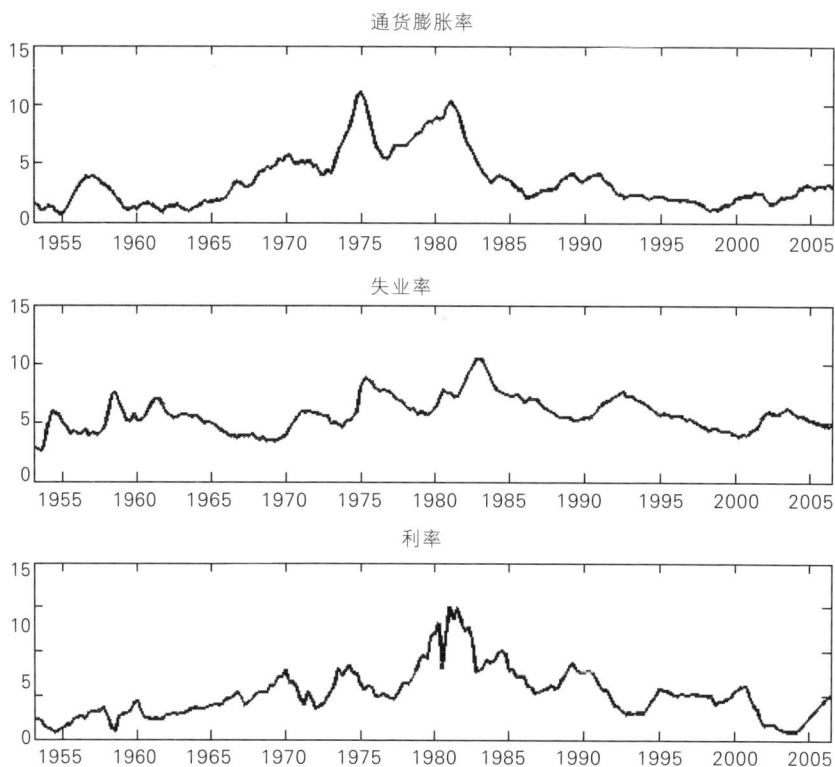

图2-1 实证示例中所用的变量

为了使用这些数据来进行贝叶斯VAR分析，我们构建一个每个方程中包含截距项和所有变量的4阶滞后项的无约束VAR模型，并使用下面6个先验分布：

• 无信息：无信息自然共轭先验分布（设定式（2-10）和式（2-11）里的参数 $\underline{\alpha} = 0_{KM \times 1}$、$\underline{V} = 100I_{K \times K}$、$\underline{\nu} = 0$ 和 $\underline{S} = 0_{M \times M}$）。

• 自然共轭：主观选择先验分布超参数的有信息自然共轭先验分布（设定式（2-10）和式（2-11）里的参数 $\underline{\alpha} = 0_{KM \times 1}$、$\underline{V} = 10I_K$、$\underline{\nu} = M + 1$ 和 $\underline{S}^{-1} = I_M$）。

• 明尼苏达：明尼苏达先验分布（式（2-7）和式（2-8）里的参数：

除了每个变量的第 1 个自身滞后项设为 0.9 以外，$\underline{\alpha}_{Mn}$ 其他元素设为零；Σ 是对角矩阵且元素 s_i^2 是从每个因变量对截距项和所有变量的 4 个滞后项的多元回归中得到）。

• 独立正态–威沙特：主观选择先验分布超参数的独立正态–威沙特先验分布（设定式（2-17）和（2-18）里的参数 $\underline{\beta} = 0_{KM \times 1}$、$\underline{V} = 10 I_{KM}$、$\underline{\nu} = M + 1$ 和 $\underline{S}^{-1} = I_M$）。

• SSVS-VAR 模型：VAR 模型系数采用 SSVS 先验分布（默认半自动方法先验设定 $c_0 = 0.1$ 和 $c_1 = 10$），且 Σ^{-1} 采用威沙特先验分布（式（2-18）且设定 $\underline{\nu} = M + 1$ 和 $\underline{S}^{-1} = I_M$）。

• SSVS：VAR 模型系数和误差协方差均采用 SSVS 先验分布（默认半自动方法）。①

对于前 3 个先验，后验分布和预测结果的解析形式是可得的。对于后 3 个先验，需要使用后验和预测模拟。下面采用 50 000 次 MCMC 抽样得到的结果，其中前 20 000 期作为燃烧期被丢弃。对于脉冲响应函数（它们是 VAR 模型系数和 Σ 的非线性方程），这 6 种先验分布均需要后验模拟方法。

对于脉冲响应函数，通过假设式（2-14）中的 C_0 是下三角矩阵且因变量按照通货膨胀率、失业率、利率的顺序排列来识别它们。这是 Bernanke 和 Mihov（1998）、Christiano 等（1999）、Primiceri（2005）所使用的标准识别假设，这样便能将利率冲击解释为货币政策冲击。

对于 VAR 模型，我们很少直接关注系数本身（而是关注它们的函数，如脉冲响应函数）。另外，由于存在大量系数，这会使得读者很难去解读

---

① 在本书没有详细描述关于 SSVS 方法中 Σ 的非对角元素。具体细节请参见 George 等（2008）。

VAR模型的系数表格。不过，表2-1仍然列出了使用无信息先验分布和SS-VS先验分布的VAR模型所有系数的后验均值。虽然有些证据表明SSVS的系数逐步缩减到零，但这两种先验分布得到的结果很相似。

表2-1 两种先验分布的VAR模型系数的后验均值

	无信息先验			SSVS-VAR		
	$\Delta\pi t$	u_t	r_t	$\Delta\pi t$	u_t	r_t
截距项	0.2920	0.3222	-0.0138	0.2053	0.3168	0.0143
$\Delta\pi_{t-1}$	1.5087	0.0040	0.5493	1.5041	0.0044	0.3950
u_{t-1}	-0.2664	1.2727	-0.7192	-0.142	1.2564	-0.5648
r_{t-1}	-0.0570	-0.0211	0.7746	-0.0009	-0.0092	0.7859
$\Delta\pi_{t-2}$	-0.4678	0.1005	-0.7745	-0.5051	0.0064	-0.226
u_{t-2}	0.1967	-0.3102	0.7883	0.0739	-0.3251	0.5368
r_{t-2}	0.0626	-0.0229	-0.0288	0.0017	-0.0075	-0.0004
$\Delta\pi_{t-3}$	-0.0774	-0.1879	0.8170	-0.0074	0.0047	0.0017
u_{t-3}	-0.0142	-0.1293	-0.3547	0.0229	-0.0443	-0.0076
r_{t-3}	-0.0073	0.0967	0.0996	-0.0002	0.0562	0.1119
$\Delta\pi_{t-4}$	0.0369	0.1150	-0.4851	-0.0005	0.0028	-0.0575

　　SSVS允许对每个VAR模型系数计算 $\Pr(\gamma_j = 1|y)$，而且这些后验包含概率可以在模型平均中使用，或者作为判断解释变量是否应包含在其中的非正式测度指标来使用。表2-2展示了使用SSVS-VAR模型先验分布的后验包含概率。实证研究者可能有各种各样的理由来展示这些结果。例如，如果研究者希望选择一个只包括 $\Pr(\gamma_j = 1|y) > 1/2$ 的参数的受约束VAR模型，那么他

将处理一个限定39个系数中有25个为零的模型。表2-2表明哪些系数是重要的。在14个被包含的非零系数中，其中2个是截项距，其他的是3个方程每个因变量自身的滞后项。研究者使用SSVS方法来选择单个模型时会限制大部分VAR模型中剩余的系数等于零。相应地，研究者使用SSVS方法进行模型平均时将限制模型系数的平均值接近于零。注意到SSVS方法可以被用来自动选择滞后长度。第4期滞后变量的系数被发现是不重要的，且只有1/9的第3期滞后变量的系数可能是重要的。

表2-2　　VAR模型系数的后验包含概率：SSVS-VAR模型先验分布

	$\Delta \pi_t$	u_t	r_t
截距项	0.7262	0.9674	0.1029
$\Delta \pi_{t-1}$	1	0.0651	0.9532
u_{t-1}	0.7928	1	0.8746
r_{t-1}	0.0612	0.2392	1
$\Delta \pi_{t-2}$	0.9936	0.0344	0.5129
u_{t-2}	0.4288	0.9049	0.7808
r_{t-2}	0.0580	0.2061	0.1038
$\Delta \pi_{t-3}$	0.0806	0.0296	0.1284
u_{t-3}	0.2230	0.2159	0.1024
r_{t-3}	0.0416	0.8586	0.6619
$\Delta \pi_{t-4}$	0.0645	0.0507	0.2783
u_{t-4}	0.2125	0.1412	0.2370
r_{t-4}	0.0556	0.1724	0.1097

对于VAR模型，研究者经常对预测感兴趣。值得一提的是包含在每一个时间点 $\tau = \tau_0, \cdots, T$ 进行预测的递归预测操作。这种操作通常使用数据的子样本来估计 $T - \tau_0$ 次模型。如果需要使用MCMC方法，这将要求较高的计算量，即运行 $T - \tau_0$ 次MCMC算法（根据模型和实证运用）将会非常慢。在这

种情况下，研究者可能会想使用不需要MCMC方法的先验分布，如明尼苏达先验分布或者自然共轭先验分布，或者使用在每个时点都不需要MCMC算法的序贯重要采样法，如粒子滤波器。[1]

表2-3展示了依据预测密度$p(y_{T+1}|y_1,\cdots,y_T)$（其中，$T=2006Q3$）来进行样本外预测的预测结果。从这个包含较大数据集的实证例子中可以看到，先验分布只有相对较小的影响力。虽然明尼苏达先验分布的预测标准差倾向于比其他先验分布的稍微小些，但这6种先验分布的预测均值和标准差是很相似的。

表2-3　　　　　　　　　y_{T+1}的后验均值（括号内是标准差）

先验分布	$\Delta\pi_{T+1}$	u_{T+1}	r_{T+1}
无信息	3.105	4.610	4.382
	(0.315)	(0.318)	(0.776)
明尼苏达先验分布	3.124	4.628	4.350
	(0.302)	(0.319)	(0.741)
自然共轭	3.106	4.611	4.380
	(0.313)	(0.314)	(0.748)
独立正态-威沙特	3.110	4.622	4.315
	(0.322)	(0.324)	(0.780)
SSVS-VAR	3.097	4.641	4.281
	(0.323)	(0.323)	(0.787)
SSVS	3.108	4.639	4.278
	(0.304)	(0.317)	(0.785)
真实值，y_{T+1}	3.275	4.700	4.600

[1]　使用粒子滤波器将会引起对它自身的一些实证挑战，这里我们将不做讨论。

图2-2和图2-3展示了无信息先验分布和SSVS先验分布的所有3个变量对所有3个冲击的脉冲响应图。在这些图像中实线表示后验均值，虚线是10%和90%分位数。这些脉冲响应图均有合理的形状，这与其他学者的发现类似。这两个先验分布虽然给出了相似的结果，但仔细检查又可以发现它们有些不同之处。特别是在较长期，结果表明由于SSVS方法能使用缩减技术，它能得到更为精确的推断（从SSVS方法得出的图形有更窄的10%和90%分位线可以看出）。

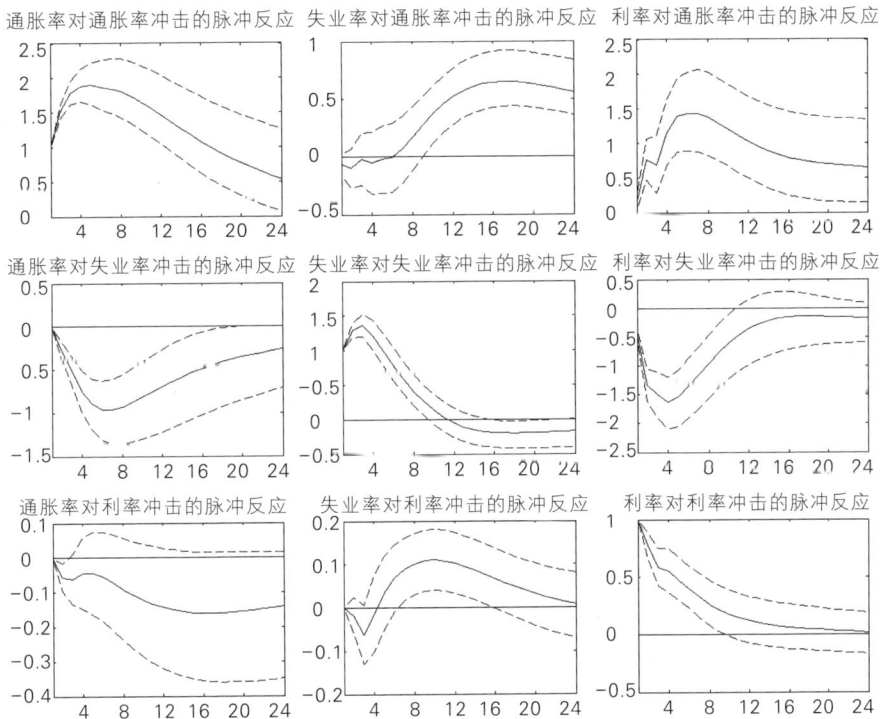

图2-2　无信息先验分布脉冲响应的后验

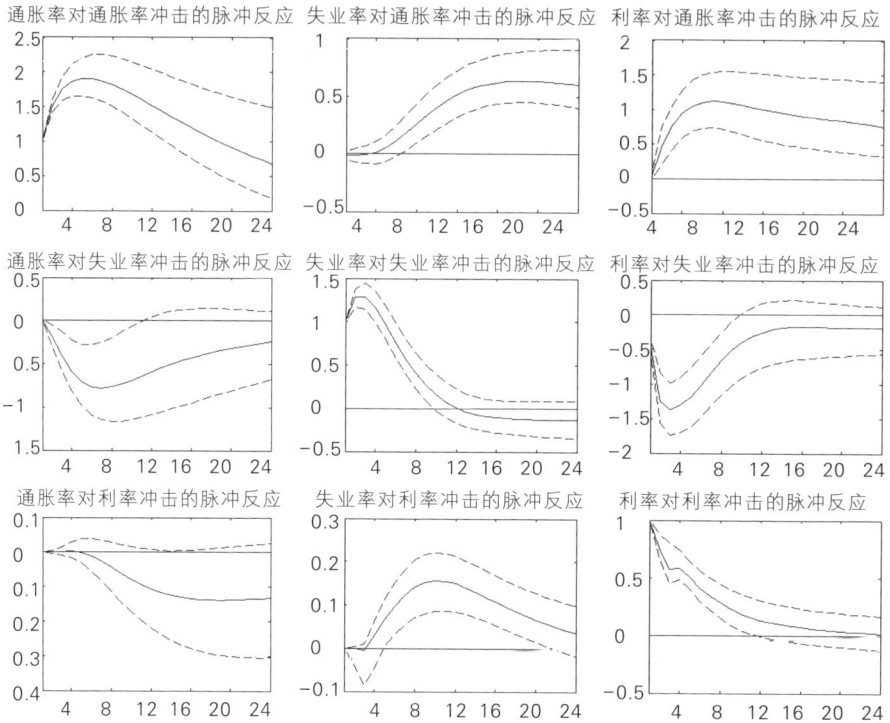

图 2-3　SSVS 先验分布脉冲响应的后验

2.3　实证示例：VAR 模型的预测

我们前面的实证例子使用了一个小型 VAR 模型，且比较关注脉冲响应分析。然而，VAR 模型经常用来预测。最近，学者们对大型贝叶斯 VAR 模型越来越感兴趣。因此，我们提供使用较大规模的 VAR 模型的预测应用。

Banbura 等（2010）构建了一个超过 130 个因变量的 VAR 模型，使用明尼苏达先验分布，发现相对于当时流行的诸如因子模型等（下面将讨论这种模型）其他模型，VAR 模型的预测效果较好。Koop（2010）使用更大范围的先验分布和不同维度的 VAR 模型来进行相似的预测。注意到，一个使用季度数据的含 20 个变量的 VAR（4）模型将有 M=20 和 p=4，则 α 将包含超过

1 500个系数，且Σ也会包含大量参数，将包含超过200个不同元素。一个典型的宏观季度数据集可能只有大约200个观测值，因此系数的个数将远远超过观测值的个数。但是贝叶斯方法将极大似然函数和先验分布结合在一起，众所周知，即使在极大似然函数里的一些参数不能被识别，使用先验分布也能得到有效的后验密度。因此，贝叶斯推断是可行的。然而，随着参数的个数相对于样本量增加时，先验信息会越来越重要。

现在的实证例子同样使用Koop（2010）的美国季度数据集[①]，数据从1959Q1到2008Q4。我们考虑一个包含3个因变量的小型VAR模型（$M=3$）和一个包含同样3个因变量加上另外17个变量的大型VAR模型（$M=20$）。所有的VAR模型滞后期均为4期。为了简洁，我们不提供具体变量列表或数据定义（具体细节参见Koop，2010）。这里注意，我们在预测中只对这2个VAR模型中都出现的3个主要变量感兴趣。这3个变量是经济活动（GDP，实际GDP）、价格（CPI，居民价格指数）和利率（FFR，联邦基金利率）的测量指标。在较大规模的VAR模型中剩余的17个变量是其他常用的宏观变量，它们被认为对预测这3个主要变量具有潜在作用。

依据Stock和Watson（2008）及其他文献，这些变量首先应该转化为平稳变量（通常使用差分或者对数差分）。使用这种方式转化的数据，在所有方法中我们将所有系数的先验均值设定为非常接近于零（没有将一些先验均值设为1，这是因为设定为1意味着向随机游走进行缩减，这可能在我们处理没有进行平稳性转化的变量时比较合理）。我们考虑3个先验分布：Banbura等（2010）使用的明尼苏达先验分布，George等（2008）使用

---

① Stock和Watson(2008)提供了所使用的数据集的更新版本。我们感谢Mark Watson公布这些数据。

的 SSVS 先验分布，以及将明尼苏达先验分布和 SSVS 先验分布结合的一个先验分布。这最后一个先验分布除了一点以外其他都与 SSVS 先验分布相同。为了解释这点不同，SSVS 先验分布是将式（2-22）中的先验协方差矩阵的对角元素设为 $\kappa_{0j} = c_0 \sqrt{v\hat{a}r\,(\alpha_j)}$ 和 $\kappa_{1j} = c_1 \sqrt{v\hat{a}r\,(\alpha_j)}$，其中，$v\hat{a}r\,(\alpha_j)$ 是根据后验或 OLS 估计量得到的。在我们最后一个先验分布中，我们设定 $v\hat{a}r\,(\alpha_j)$ 是从明尼苏达先验分布得到的 α_j 的先验方差。其他应用（例如，其他剩余先验分布的超参数的选择不再赘述）的细节在 Koop（2010）中有具体说明，需要注意的是这与 Banbura 等（2010）和 George 等（2008）使用的相同。

之前我们已经展示了如何使用这些先验分布来获得预测密度。我们也需要一种方式来评估预测表现。这里，我们考虑两种预测表现的测度指标：一种是根据点估计，另一种涵盖全样本的预测密度。

我们使用直接法来实施递归预测操作。即对于 $\tau = \tau_0$ 和 $T - h$，使用从时间 τ 起的可得的数据，对于 $h = 1$ 和 4，我们可以得到预测密度。τ_0 是 1969Q4。在这个预测小节里，我们用 $y_{i,\tau+h}$ 表示一个我们想预测的随机变量（如，GDP、CPI 或 FFR），$y_{i,\tau+h}^o$ 是 $y_{i,\tau+h}$ 的观测值，且 $p\,(y_{i,\tau+h}|Data_\tau)$ 是根据在时间 τ 的可得信息得到的预测密度。

均方预测误差——MSFE 是一个常用的预测比较的衡量指标。它可以表示为：

$$MSFE = \frac{\sum_{\tau=\tau_0}^{T-h}[y_{i,\tau+h}^o - E\,(y_{i,\tau+h}|Data_\tau)]^2}{T - h - \tau_0 + 1}$$

在表 2-4 中，MSFE 被表示为与由随机游走预测产生的 MSFE 之间的比例。

表2-4 MSFEs与随机游走MSFEs之间的比例

（括号里为对数预测似然函数的和）

变量	明尼苏达先验分布		SSVS先验分布		SSVS+明尼苏达先验分布	
	M=3	M=20	M=3	M=20	M=3	M=20
一个季度预测期						
GDP	0.650	0.552	0.606	0.641	0.698	0.647
	(−206.4)	(−192.3)	(−198.40)	(−205.1)	(−204.7)	(−203.9)
CPI	0.347	0.303	0.320	0.316	0.325	0.291
	(−201.2)	(−195.9)	(−193.9)	(−196.5)	(−191.5)	(−187.6)
FFR	0.619	0.514	0.844	0.579	0.744	0.543
	(−238.4)	(−229.1)	(−252.4)	(−237.2)	(−252.7)	(−228.9)
一年预测期						
GDP	0.744	0.609	0.615	0.754	0.844	0.667
	(−220.6)	(−214.7)	(−207.8)	(−293.2)	(−221.6)	(−219.0)
CPI	0.525	0.522	0.501	0.772	0.468	0.489
	(−209.5)	(−219.4)	(−208.3)	(−276.4)	(−194.4)	(−201.6)
FFR	0.668	0.587	0.527	0.881	0.618	0.518
	(−243.3)	(−249.6)	(−231.2)	(−268.1)	(−228.8)	(−233.7)

MSFE只使用点预测，且忽视其他的预测分布。而预测似然函数评估了整个预测密度的预测表现。预测似然函数在许多地方被采用和讨论，如Geweke和Amisano（2010）。预测似然函数是$y_{i,\tau+h}$的预测密度在$y_{i,\tau+h}$实际观测值$y_{i,\tau+h}^o$处取值得到的。对数预测似然函数的和可以用作预测评价：

$$\sum_{\tau=\tau_0}^{T-h} log\left[\, p\left(y_{i,\tau+h}=y_{i,\tau+h}^o | Data_\tau\right)\right]$$

表2-4展示了MSFEs和我们感兴趣的3个主要变量未来预测期分别为一个季度和一年的对数预测似然函数的和。所有变量的贝叶斯VAR模型预测都好于随机游走。然而，除了这一点，很难从表2-4中得到其他一般性的结论。但结合SSVS先验分布和明尼苏达先验分布的情形往往是最好的。注意，

在大型 VAR 模型中，SSVS 先验分布偶尔表现得很差。这是因为包含的参数（即 $\gamma_j = 1$ 时）没能缩减到任何令人满意的程度。这种缩减不足有可能导致较差的预测表现。通过结合 SSVS 先验分布和明尼苏达先验分布我们能解决这个问题。

还可以看出，通常（但不是总是）大型 VAR 模型预测优于小型 VAR 模型。如果只看小型 VAR 模型，SSVS 先验分布经常能得到最好的预测表现。

我们的两个预测评价指标：MSFEs 和对数预测似然函数的和，一般指向相同的结论。但也有一些例外，对数预测似然的和（更受偏爱的贝叶斯预测评价指标）得到不同于 MSFEs 的结果。

## 第 3 章

贝叶斯状态空间模型和随机波动率

3.1 简介和符号

在关于贝叶斯 VAR 模型建模的章节中，我们已经展示过（可能受约束的）VAR 模型可以表示为：

$$y_t = Z_t \beta + \varepsilon$$

这是为了合适地定义 Z_t 和 β。在许多宏观经济学应用中，假设 β 是常数是不合适的，而假设 β 随时间逐渐发生是合理的。下一章我们将讨论一个标准的 TVP-VAR 模型，将 VAR 模型扩展为：

$$y_t = Z_t \beta_t + \varepsilon_t$$

其中，

$$\beta_{t+1} = \beta_t + u_t$$

因此，VAR 模型的系数随时间逐渐发生变化。这是一个状态空间模型。另外，之前我们假设 ε_t 服从 i.i.d 的正态分布 $N(0, \Sigma)$，因此这个模型是同方差的。在实证宏观经济学中，允许误差协方差矩阵随时间变化（例如，由于商业周期的"大缓和"）常常也是重要的。在这些情况下，假设 ε_t 服从 i.i.d.

的正态分布 $N(0,\Sigma_t)$ 以允许异方差是合理的。正如我们所看到的，异方差会带来随机波动率问题，这将引领我们进入状态空间模型的世界。

这些讨论也给出了一个原因来解释为什么我们必须在引入TVP-VAR模型和其他与实证宏观经济学更直接相关的模型之前提供一章介绍状态空间模型。在本章，我们首先讨论正态线性状态空间模型的贝叶斯方法。这些方法可用于对TVP-VAR模型中VAR模型系数的运动方程进行建模。不幸的是，随机波动率不能写入正态线性状态空间模型中。因此，在简要讨论非线性状态空间建模之后，我们给出涉及随机波动率的特定非线性状态空间模型的贝叶斯方法。

我们将使用在状态空间文献中常用的符号表示，其中，如果 a_t 是一个时间 t 的变量（即状态或数据的一个向量），则 $a^t = (a'_1, \cdots, a'_t)'$ 堆积所有的 a_t 直到时间 t。因此，例如 y^T 将表示因变量的全部数据样本，而 β^T 是包含所有状态的向量。

3.2   正态线性状态空间模型

正态线性状态空间模型（上文定义的TVP-VAR模型是它的一种特例）的一般形式是：

$$y_t = W_t\delta + Z_t\beta_t + \varepsilon_t \tag{3-1}$$

且

$$\beta_{t+1} = \Pi_t\beta_t + u_t \tag{3-2}$$

其中，y_t 是一个包含 M 个时间序列变量观测值的 $M \times 1$ 向量，ε_t 是一个 $M \times 1$ 的误差向量，W_t 是一个已知的 $M \times p_0$ 的矩阵（例如，它可以包含带有固定系数的因变量的滞后项或其他解释变量），δ 是一个 $p_0 \times 1$ 的参数向量。Z_t 是一个

已知的 $M \times k$ 矩阵（例如，它可以包含带有时变系数的因变量的滞后项或其他解释变量），β_t 是一个 $k \times 1$ 的随时间变化的参数向量（它们被称为状态）。我们假设 ε_t 服从独立的正态分布 $N(0, \Sigma_t)$，u_t 是一个 $k \times 1$ 的向量且服从独立的正态分布 $N(0, Q_t)$。对于所有的 s 和 t，ε_t 和 u_s 相互独立。Π_t 通常是一个被当作已知的 $k \times k$ 的矩阵，但 Π_t 偶尔也被当作一个未知的参数矩阵。

式（3-1）和式（3-2）定义了一个状态空间模型。式（3-1）被称为测量方程，而式（3-2）被称为状态方程。由于各种各样的目的，这种方程被广泛应用到计量经济学和其他领域内。感兴趣的读者可以参考 West 和 Harrison（1997）与 Kim 和 Nelson（1999）来获取比本书更详细的处理状态空间模型的贝叶斯方法。Harvey（1989）与 Durbin 和 Koopman（2001）提供了处理状态空间模型良好的非贝叶斯方法。

为了实现我们的目的，值得注意的是对于给定 δ、Π_t、Σ_t 和 Q 的值，各种对 β_t 进行后验模拟（$t = 1, \cdots, T$）的算法已经被构建起来。Carter 和 Kohn（1994）、Fruhwirth-Schnatter（1994）、DeJong 和 Shephard（1995）以及 Durbin 和 Koopman（2002）描述了各种常用且有效的算法。[①]由于它们是标准和容易理解的算法，这里我们将不给出具体的细节。在本书相关的网站中的 Matlab 程序所使用的是 Carter 和 Kohn（1994）的算法。这些算法可以用作 MCMC 算法中的一个模块，在给定 δ、Π_t、Σ_t 和 Q 时可用来对 β_t 的后验分布进行抽样（$t = 1, \cdots, T$），至于对 δ、Π_t、Σ_t 和 Q 的正确处理则依赖于具体的实证应用。在标准的 TVP-VAR 模型中固定一些参数为已知值（例如，$\delta = 0$、

---

① 这些方法各有优缺点。例如，DeJong 和 Shephard（1995）的算法在产生状态时表现较好。最近一些没有使用卡尔曼滤波或模拟平滑的新算法被提出来，这些方法具有很好的前景，参见 McCausland 等（2007）与 Chan 和 Jeliazkov（2009）。

$\Pi_t = I$ 是常用的选择），而将另一些当作未知参数（对于所有的 t，虽然常常限制 $Q_t = Q$，但在同方差的 TVP-VAR 模型中需要另外限制 $\Sigma_t = \Sigma$）。MCMC算法是从未知参数的后验分布中来抽取样本（给定状态的情况下）。这章接下来的部分将详述 MCMC 算法是如何工作的。为了专注于状态空间模型问题，在这种情况下的算法中设定 δ 为未知参数矩阵，而 $Q_t = Q$、$\Sigma_t = \Sigma$ 和 Π_t 是已知的。

对式（3-1）的考查表明，如果 β_t 是已知的（$t = 1, \cdots, T$），则状态空间模型将退化为多元正态线性回归模型：

$$y_t^* = W_t\delta + \varepsilon_t$$

其中，$y_t^* = y_t - Z_t\beta_t$。因此，除了 y_t 被 y_t^* 替代外，多元正态线性回归模型的标准结论可以被使用。这表明可以为这里的状态空间模型设定 MCMC 算法。也就是说，$p(\delta|y^T, \Sigma, \beta^T)$ 和 $p(\Sigma^{-1}|y^T, \delta, \beta^T)$ 通常具有简洁的标准形式。下面我们将对 δ 和 Σ^{-1} 采用独立正态–威沙特先验分布，这在我们前面的 VAR 模型中已经介绍过。

下面在状态方程中协方差矩阵的设定将依据相似的理由。也就是说，如果 β_t 是已知的（$t = 1, \cdots, T$），则状态方程（3-2）是多元正态线性回归模型的简单变体。这些理由表明 $p(Q^{-1}|y^T, \delta, \beta^T)$ 将有一种简单且熟悉的形式。[1]

结合 $p(\delta|y^T, \Sigma, \beta^T)$、$p(\Sigma^{-1}|y^T, \Sigma, \beta^T)$、$p(Q^{-1}|y^T, \Sigma, \beta^T)$ 的结果和其中一个从 $p(\beta^T|y^T, \delta, \Sigma, Q)$ 中进行随机抽样的标准方法将构成完整的 MCMC 算法，这个算法允许在状态空间模型中进行后验推断。在接下来的章节里，我们将对一

---

[1]　在 Π_t 包含未知参数的情况下将其从 $p(Q, \Pi_1, \cdots, \Pi_T|y_T, \beta_1, \cdots, \beta_T)$ 中抽样，这通常是比较容易完成的。在不随时间改变情况下，$\Pi_1 = \cdots = \Pi_T \equiv \Pi$ 和 $p(\Pi, Q|y_T, \beta_1, \cdots, \beta_T)$ 有一个与 VAR 模型相同结构的形式。

个特殊的先验分布选择构建一个这样的MCMC算法，但需要强调的是经过略微修改对于其他先验分布也能使用。

这里，我们将对δ和Σ^{-1}采用独立正态-威沙特先验分布，对Q^{-1}采用威沙特先验分布。值得一提的是，可以认为状态方程已经为我们提供β^T的先验。也就是说，式（3-2）表明：

$$\beta_{t+1}|\beta_t,Q \sim N(\Pi_t\beta_t,Q) \qquad\qquad (3-3)$$

形式上，状态方程表明状态β^T的先验分布为：

$$p(\beta^T|Q) = \prod_{t=1}^{T} p(\beta_t|\beta_{t-1},Q)$$

其中，等式的右边由式（3-3）给出。这是一个分层先验分布的例子，由于β^T的先验分布依赖于Q，而Q也需要它自己的先验分布。

一个小问题需要注意：β_t的初始状态。β_1的先验分布依赖于β_0，有标准的方法来处理这个问题。例如，我们假设$\beta_0 = 0$，则β_1的先验分布变为：

$$\beta_1|Q \sim N(0,Q)$$

类似地，如在Carter和Kohn（1994）中，作者简单地假设β_0的先验分布是未加规定的。或者，在TVP-VAR模型（或任何时变系数回归模型）中，我们可以简单地设定$\beta_1 = 0$和$W_t = Z_t$。[①]

将有关这些先验分布的假设结合在一起，我们有

$$p(\delta,\Sigma,Q,\beta^T) = p(\delta)p(\Sigma)p(Q)p(\beta^T|Q)$$

其中，

$$\delta \sim N(\underline{\delta},\underline{V}) \qquad\qquad (3-4)$$

$$\Sigma^{-1} \sim W(\underline{S}^{-1},\underline{\nu}) \qquad\qquad (3-5)$$

---

① 这个结果来自以下事实：模型$y_t = Z_t\beta_t + \varepsilon_t$且$\beta_t$不受约束和模型$y_t = Z_t\delta + Z_t\beta_t + \varepsilon_t$受到约束$\beta_1 = 0$是等价的。

且

$$Q^{-1} \sim W(\underline{Q}^{-1}, \underline{\nu}_Q) \qquad (3-6)$$

上述推理表明我们的最终目的是一个从 $p(\delta|y^T, \Sigma, \beta^T)$、$p(\Sigma^{-1}|y^T, \delta, \beta^T)$、$p(Q^{-1}|y^T, \delta, \beta^T)$ 和 $p(\beta^T|y^T, \delta, \delta, Q)$ 中序贯抽样的 MCMC 算法。前 3 个后验条件分布可以使用多元正态线性回归模型的结论来处理，特别地，

$$\delta|y^T, \Sigma, \beta^T \sim N(\bar{\delta}, \bar{V})$$

其中，

$$\bar{V} = \left(\underline{V}^{-1} + \sum_{t=1}^T W_t' \Sigma^{-1} W_t \right)^{-1}$$

且

$$\bar{\delta} = \bar{V} \left(\underline{V}^{-1} \underline{\delta} + \sum_{t=1}^T W_t' \Sigma^{-1} (y_t - Z_t \beta_t) \right)$$

接下来，我们有：

$$\Sigma^{-1}|y^T, \delta, \beta^T \sim W(\bar{S}^{-1}, \bar{\nu})$$

其中，

$$\bar{\nu} = T + \underline{\nu}$$

且

$$\bar{S} = \underline{S} + \sum_{t=1}^T (y_t - W_t \delta - Z_t \beta_t)(y_t - W_t \delta - Z_t \beta_t)'$$

接下来，

$$Q^{-1}|y^T, \delta, \beta^T \sim W(\bar{Q}^{-1}, \bar{\nu}_Q)$$

其中，

$$\bar{\nu}_Q = T + \underline{\nu}_Q$$

且

$$\bar{Q} = \underline{Q} + \sum_{t=1}^T (\beta_{t+1} - \Pi_t \beta_t)(\beta_{t+1} - \Pi_t \beta_t)'$$

为了完成我们的 MCMC 算法，我们需要从 $p(\beta^T|y^T,\delta,\Sigma,Q)$ 中抽取均值。但是如我们之前讨论的那样，有多种标准算法可用来实现。于是正态线性状态空间模型的贝叶斯推断的执行变得非常直接。在本书接下来的一章中我们将在 TVP-VAR 模型中利用这些结果。

3.3 非线性状态空间模型

我们之前讨论的正态线性状态空间模型不仅能被实证宏观经济学家用来处理 TVP-VAR 模型，而且有一些其他用途。例如，DSGE 模型的贝叶斯分析变得越来越流行（参见 An 和 Schorfheide，2007；Fernandes-Villaverde，2009）。线性化的 DSGE 模型的估计包含处理正态线性状态空间模型，因此我们之前讨论的方法也能使用。然而，线性化 DSGE 模型需要使用一阶近似。近年来，宏观经济学家对二阶近似比较感兴趣。当正态空间模型变成非线性时将会有用（在这个意义上，测量方程使得 y_t 是状态的非线性函数）。这只是宏观经济学中非线性状态空间模型的一个例子。越来越多的工具允许在非线性状态空间模型中进行贝叶斯计算（例如，粒子滤波越来越流行，参见 Johannes 和 Polson，2009）。本书专注于 TVP-VAR 模型和相关模型，我们将不提供对非线性状态空间模型的贝叶斯方法的一般讨论（更多的讨论参见 Del Negro 和 Schorfheide，2010；Giordani 等，2010）。我们将重点关注 TVP-VAR 模型的一个特殊领域：随机波动率。

一般来说，与误差项波动率有关的问题在宏观经济学中日益突出。其中，部分原因是因为商业周期"大缓和"时代的经验规律（即许多宏观经济变量的波动率在 20 世纪 80 年代早期下降，直到最近一直保持低位）。但也可能其中的部分原因是许多宏观经济政策问题依赖于误差项的方差。例如，关于为什么发生"大缓和"的争论往往在"良好的政策"和"有利的经济形势"之间进行，这涉及误差项方差的合理建模。由于这些原因，波动率是重要的，因此我们将花费一些时间来讨论处理它的贝叶斯方法。

3.3.1 单变量随机波动率

我们以 y_t 是一个标量为起点开始讨论随机波动率。虽然 TVP-VAR 模型本质上是多变量的，因此需要使用处理多变量随机波动率的贝叶斯方法，而这些方法利用了单变量随机波动率的贝叶斯方法来构建基本单元。因此，单变量随机波动率的贝叶斯处理是一个有用的起点。为了专注讨论，我们将假设没有解释变量，因此采用一个简单的单变量随机波动率模型[①]，它可以写成：

$$y_t = \exp\left(\frac{h_t}{2}\right)\varepsilon_t \tag{3-7}$$

且

$$h_t = \mu + \phi(h_t - \mu) + \eta_t \tag{3-8}$$

其中，ε_t 是 i.i.d 的正态分布 $N(0,1)$，且 η_t 是 i.i.d. 的正态分布 $N(0,\sigma_\eta^2)$。对于所有的 s 和 t，ε_t 和 η_t 是相互独立的。

注意到当 h_t（$t = 1, \cdots, t$）可以被解释为状态时，式（3-7）和式（3-8）是一个与式（3-1）和式（3-2）相似的状态空间模型。然而，与式（3-1）不同的是，式（3-7）不是一个状态的线性函数，因此我们线性状态空间模型的结论不能直接使用。

注意，这个参数化过程使得 h_t 是 y_t 的方差的对数。由于方差必须是正

---

① 在本章,我们将描述由 Kim 等(1998)提出的一个方法,它比 Jacquier 等(1994)的开创性方法更普遍。这个标准随机波动率模型的扩展形式的贝叶斯方法(例如,包含非正态误差或杠杆效应)可以参考 Chib 等(2002)、Omori 等(2007)。

的，为了在状态方程式（3-8）中有合理的正态误差，我们必须将状态方程式定义为对数波动率。还要注意，μ 是 h_t 的无条件均值。

关于初始条件，通常将对数波动率过程限定为稳定的，并施加约束 $|\phi| < 1$。在这个假设下，可以合理地得到：

$$h_0 \sim N\left(\mu, \frac{\sigma_\eta^2}{1-\phi^2}\right) \tag{3-9}$$

接下来描述的 Kim 等（1998）的算法使用这种设定。然而，在 TVP-VAR 模型文献中，常见的是设定 VAR 模型系数遵循随机游走过程。类似地，诸如 Primiceri（2005）的 TVP-VAR 模型经常设定对数波动率服从随机游走（多变量扩展的版本）过程，且设定 $\phi = 1$。这样能简化模型，因为不仅不再需要估计类似于 ϕ 的参数，而且还可以从模型中剔除 μ。然而，当 $\phi = 1$ 时，在式（3-9）中给定的初始条件的处理方法没法使用。在这种情况下，通常使用诸如 $h_0 \sim N\left(\underline{h}, \underline{V}_h\right)$ 的先验分布。这要求研究者选择 $\underline{h}$ 和 $\underline{V}_h$。这可以主观地选择，或者如 Primiceri（2005）所述，可以使用数据的初始"训练样本"来校准先验分布超参数的值。

在随机波动率模型的 MCMC 算法的开发中，关键部分是如何抽取这些状态。也就是说（与正态线性状态空间模型中的参数相似的方式），$p\left(\phi|y^T, \mu, \sigma_\eta^2, h^T\right)$、$p\left(\mu|y^T, \phi, \sigma_\eta^2, h^T\right)$ 和 $p\left(\sigma_\eta^2|y^T, \mu, \phi, h^T\right)$ 具有从使用正态线性回归模型 MCMC 算法的标准结论得出的标准形式，这里将不会介绍（参见例如 Kim 等（1998）的精确公式）。为了完成 MCMC 算法，我们需要的是从 $p\left(h^T|y^T, \mu, \phi, \sigma_\eta^2\right)$ 中抽样的方法。Kim 等（1998）提供了一种有效的算法，为了解释这个算法的基本思想，需注意如果我们对测量方程式（3-7）的两边取平方，然后取对数，我们得到：

$$y_t^* = h_t + \varepsilon_t^*$$

(3-10)

其中[①]，$y_t^* = \ln(y_t^2)$ 和 $\varepsilon_t^* = \ln(\varepsilon_t^2)$。式（3-10）和式（3-8）定义了一个与状态呈线性关系的状态空间模型。阻止我们立即将以前正态线性状态空间模型的结论用于这里的唯一事实是 ε_t^* 不是正态分布。然而，也可以看到我们可以通过不同的正态分布的混合来近似得到它，这便使我们能够使用以前的结论。

正态分布的混合非常灵活，且已被广泛应用于许多领域以近似未知或不便得到的分布。在随机波动率的情况下，Kim 等（1998）表明，ε_t^* 的分布 $p(\varepsilon_t^*)$ 可以很好地近似为：

$$p(\varepsilon_t^*) \approx \sum_{i=1}^{7} q_i f_N(\varepsilon_t^* | m_i, v_i^2)$$

(3-11)

其中，$f_N(\varepsilon_t^* | m_i, v_i^2)$ 是一个服从 $N(m_i, v_i^2)$ 的随机变量的概率密度函数。[②]关键的是，由于 ε_t 是服从正态分布 $N(0,1)$，ε_t^* 不涉及未知参数，从而这种近似也不含有未知参数。因此，对于 $i = 1, \cdots, 7$，q_i、m_i、v_i^2 并不是需要估计的参数，而只是在表 2-4 中由 Kim 等（1998）给出的简单数值。

另外一种与式（3-11）等价的方法是通过对在正态混合分布中的每个分量引入成分指示变量 $s_t \in \{1, 2, \cdots, 7\}$，这样便可以表示为：

$$\varepsilon_t^* | s_t = i \sim N(m_i, v_i^2)$$

$$\Pr(s_t = i) = q_i$$

其中，$i = 1, \cdots, 7$。该公式解释了算法是如何运行的。特别地，MCMC 算法不是简单地从 $p(h^T | y^T, \mu, \phi, \sigma_\eta^2)$ 进行对数波动率抽样，而是从 $p(h^T | y^T, \mu, \phi, \sigma_\eta^2, s^T)$

---

① 在实际中，通常设定 $y_t^* = \ln(y_t^2 + c)$，其中 c 是一个已知的偏移常数，通常设定的值很小（例如，c=0.001）以避免 y_t^2 等于零或接近零时带来的数值问题。

② Omori等（2007）使用10个正态分布的混合提出一个更准确的近似。

进行抽样。这可能看起来很棘手，但是使用如本节前面所述的正态线性状态空间模型的标准结论将会有巨大好处。也就是说，在已知 $s_1, \cdots, s_T$ 的条件下，这个算法知道在每个时点 $i = 1, \cdots, T$ 上，ε_i^* 来自这 7 个正态分布中的哪一个，且这个模型变为一个正态线性状态空间模型。为了完成该 MCMC 算法，还需要一个从 $p(s^T | y^T, \mu, \phi, \sigma_\eta^2, h^T)$ 中抽样的方法，但由于 s_t 是一个只有 7 个状态的离散分布，所以很容易进行抽样。Kim 等（1998）给出了具体的细节。

一个题外话：状态空间模型的边际似然函数计算

边际似然函数是贝叶斯模型比较中最受欢迎的工具（例如，贝叶斯因子是边际似然的比率）。在本书，我们专注于估计和预测，而不是模型比较或进行假设检验。这部分是因为诸如 TVP-VAR 模型之类的状态空间模型非常灵活，可以更广泛地捕捉现实数据的特征。因此，许多研究人员倾向于认为它们与非参数模型非常相似：能够使数据说话和发现适当的模型（而不是使用几个简约的模型或者采用统计方法来选择单个模型）。此外，贝叶斯的经验法则是，先验分布的选择对估计和预测的重要程度比对边际似然函数小很多。对于诸如 TVP-VAR 模型的高维模型尤其如此，边际似然函数对先验分布的选择是非常敏感的。因此，许多贝叶斯方法避免在高维模型中使用边际似然函数。即使在那些希望进行模型比较的情形下也常常使用其他指标（例如，Geweke 和 Keane，2007，使用交叉验证；Geweke，1996，使用预测似然函数）。

然而，对于希望使用边际似然函数的研究者来说，应该注意到有许多方法用来计算似然函数，且这涉及在某一点上似然函数的评估。例如，信息准则通常近似于边际似然函数，并且这些信息准则涉及极大似然估计量的计算。比较普遍的边际似然函数计算方法都涉及评估似然函数，如 Chib 和

Greenberg（1995）、Chib 和 Jeliazkov（2001，2005）以及 Gelfand 和 Dey（1994）。在状态空间模型中，经常遇到应该使用哪种似然函数的问题。如果采用我们正态线性状态空间模型中的符号表示，$p(y^T|\delta,\Sigma,Q,\beta^T)$ 和 $p(y^T|\delta,\Sigma,Q)$ 都可以用作"似然函数"，也可以采用上面列举文献中的任何边际似然函数的计算方法。[①]然而，由于参数空间维数很高，使用 $p(y^T|\delta,\Sigma,Q,\beta^T)$ 来定义似然函数可能会导致无效率的计算。[②]因此，使用 $p(y^T|\delta,\Sigma,Q)$ 来定义似然函数是合意的。幸运的是，对于正态线性状态空间模型，可以在诸如 Harvey（1989）或 Durbin 和 Koopman（2001）的教科书中找到 $p(y^T|\delta,\Sigma,Q)$ 的公式。Chan 和 Jeliazkov（2009）提供了一种用于计算正态线性状态空间模型中边际似然函数的替代算法。

对于随机波动率模型，基于相同的原因，可以使用 $p(y^T|\phi,\mu,\sigma_\eta^2,h^T)$ 或 $p(y^T|\phi,\mu,\sigma_\eta^2)$ 来定义似然函数。尽管使用 $p(y^T|\phi,\mu,\sigma_\eta^2)$ 是合意的，但不幸的是它的解析表达式不存在。虽然有多种方法来解决这个问题，但是其中的一些方法可能相当复杂（例如，涉及使用粒子滤波方法来将 h^T 积分掉）。Berg 等（2004）详细讨论了这些问题，并提出了一个被称为"偏差信息准则"的简单近似。

另外值得注意的是，随机波动率模型的 MCMC 算法是辅助混合采样器的一个例子。也就是说，它引入辅助状态集 s^T，得到一个正态混合分布的表示。给定这些状态的条件下，该模型是一个正态线性状态空间模型。Fruhwirth-Schnatter 和 Wagner（2008）利用这种正态性（给定这些辅助状态条件

---

① Fruhwirth-Schnatter 和 Wagner(2008)将前者称为完全数据似然,将后者称为积分似然。
② 在如此高维的参数空间中,非贝叶斯方法寻找这种似然函数的最大值在最优化时会陷入困境。

下）结论，开发了使用辅助混合采样器来计算边际似然函数的方法，并且这种方法也适用于随机波动率模型。

3.3.2 多元随机波动率

我们现在回到式（3-1）和式（3-2）的状态空间模型中。其中，y_t是一个$M \times 1$向量，且ε_t是i.i.d.的正态分布$N(0, \Sigma_t)$。正如我们之前所强调的，在实证宏观经济学里，允许Σ_t是时变的常常非常重要，而且有许多方法来实现。注意到Σ_t是一个$M \times M$的正定矩阵，且有$M(M+1)/2$个不同的元素。因此，对于$t = 1, \cdots, T$，Σ_t的完整集合包含$TM(M+1)/2$个未知的参数，参数数目非常大。在某种意义上，关于多变量随机波动率的文献可以被认为是通过参数约束或先验分布来减少这种参数激增的问题，并且在参数化过程中还必须确保Σ_t始终是正定的。Asai等（2006）和Chib等（2006，2009）讨论了各种各样的方法，读者可参考这些论文获得完整的处理细节。在本章中，我们将介绍宏观经济学中常见的两种方法。第一种由Cogley和Sargent（2005）提出，第二种由Primiceri（2005）提出。

为了关注与多变量随机波动率相关的问题，我们考虑以下模型：

$$y_t = \varepsilon_t \tag{3-12}$$

其中，ε_t是i.i.d.的正态分布$N(0, \Sigma_t)$。在讨论Cogley和Sargent（2005）与Primiceri（2005）所使用的对于Σ_t的设定之前，我们从一个非常简单的设定开始：

$$\Sigma_t = D_t$$

其中，D_t是一个对角矩阵，且每个对角元素都被设定为一个单变量随机波动率过程。也就是说，对于$i = 1, \cdots, M$，如果d_{it}是D_t的第i个对角元素，则我们可以写为$d_{it} = \exp(h_{it})$且

$$h_{i,t+1} = \mu_i + \phi_i(h_{i,t} - \mu_i) + \eta_{it} \tag{3-13}$$

其中，$\eta_t = (\eta'_{1t}, \cdots, \eta'_{Mt})'$ 是 i.i.d. 的正态分布 $N(0, D_\eta)$，且 D_η 是一个对角矩阵（因此状态方程中的误差项彼此独立）。这个模型很简单，因为它告诉我们每个误差项简单地遵循自己的单变量随机波动率过程，与所有其他误差项独立。因此，Kim 等（1998）的 MCMC 算法可以依次应用于每一个方程中。

因为假设 Σ_t 为对角矩阵往往是不合适的，所以这种模型通常不适合于实证宏观经济研究。许多有趣的宏观经济学内容（例如，脉冲响应函数）取决于误差项之间的协方差，因此假设它们为零可能具有误导性。一些学者如 Cogley 和 Sargent（2005）给出了非零协方差的一种简单表示：

$$\Sigma_t = L^{-1} D_t L^{-1'} \tag{3-14}$$

其中，D_t 是对角矩阵，对角元素是误差项的方差，且 L 是对角元素为 1 的下三角矩阵。例如，在 $M=3$ 的情况下，我们有：

$$L = \begin{bmatrix} 1 & 0 & 0 \\ L_{21} & 1 & 0 \\ L_{31} & L_{32} & 1 \end{bmatrix}$$

这种形式对于计算特别有吸引力，因为即使 ε_{it} 和 ε_{jt}（它们是 ε_t 的第 i 和第 j 个元素）不再彼此独立，我们可以将式（3-12）变换为：

$$Ly_t = L\varepsilon_t \tag{3-15}$$

则 $\varepsilon_t^* = L\varepsilon_t$ 将会有一个对角协方差矩阵。在涉及 $p(h^T|y^T, L)$ 和 $p(L|y^T, h^T)$ 的 MCMC 算法中（其中，h^T 是由所有 $h_t = (h'_{1t}, \cdots, h'_{Mt})'$ 堆叠成的一个 $MT \times 1$ 向量），我们可以利用该结论依次在每一个方程中运行 Kim 等（1998）的算法。也就是说，在给定 MCMC 算法中每一次 L 抽样值的条件下，我们可以将模型转换为式（3-15），并且依次对每个变换后方程使用单变量随机波动率模型 MCMC 算法的结论。

最后，为了完成 Cogley-Sargent 模型的 MCMC 算法，我们需要从

$p(L|y^T,h^T)$ 中进行抽样。但这非常直接，因为式（3-15）表明，这个模型可以写成一系列 M 个回归方程，且误差项服从正态分布且彼此独立。因此，可以采用正态线性回归模型中的标准结论来对 $p(L|y^T,h^T)$ 进行抽样。Cogley 和 Sargent（2005）的附录提供了 MCMC 算法的精确公式（尽管他们的论文使用不同于本章所讨论的 Kim 等（1998）的算法从 $p(h^T|y^T,L)$ 中抽样）。

值得强调的是，Cogley-Sargent 模型允许误差项之间的协方差随着时间的推移而变化，但与误差项方差改变的方式紧密相关。这可以在 $M=2$ 的情况下非常清楚地看出来，其中 ε_{1t} 和 ε_{2t} 是两个方程式中的误差项。在这种情况下，式（3-14）表明 $\mathrm{cov}(\varepsilon_{1t},\varepsilon_{2t})=d_{1t}L_{21}$，它与第一个方程的误差项方差成比例地变化。在脉冲响应分析中，可以看出这种约束意味着对第 i 个变量的冲击对第 j 个变量的影响不随时间变化。在一些宏观经济实证研究中，这样的设定可能太具有限制性。

另一种常见的方法（参见 Primiceri，2005）将式（3-14）扩展为：

$$\Sigma_t = L_t^{-1} D_t L_t^{-1\prime} \tag{3-16}$$

其中，L_t 的定义方式与 L 相同（即作为一个对角元素为 1 的下三角矩阵），但是 L_t 现在是时变的。这种设定不以任何方式对 Σ_t 中的协方差和方差施加约束。Primiceri 模型的后验模拟的 MCMC 算法与 L 为常数的模型大致相同（对式（3-15）进行轻微变化，变为 $L_t y_t = L_t \varepsilon_t$）。这个算法的主要变化体现在 L_t 的抽样方式上。

为了描述 L_t 的运动方式，我们首先将无约束元素按行堆叠成一个 $M(M-1)/2$ 向量，即 $l_t = (L_{21,t}, L_{31,t} L_{32,t}, \cdots, L_{p(p-1),t})'$。根据状态方程，它们的运动方程可以写成：

$$l_{t+1} = l_t + \zeta_t \tag{3-17}$$

其中，ζ_t 服从 i.i.d. 的正态分布 $N(0, D_\zeta)$，独立于模型中的其他误差项，且 D_ζ 是对角矩阵。

根据前面的讨论，我们知道这个模型中的测量方程能写成：

$$L_t y_t = \varepsilon_t^*$$

且可以证明 $\varepsilon_t^* \sim N(0, D_\zeta)$。我们利用 L_t 的结构特点从等式左边隔离出 y_t，写为：

$$y_t = C_t l_t + \varepsilon_t^* \tag{3-18}$$

Primiceri（2005，p.845）给出了一个 C_t 的一般定义。对于 $M=3$，

$$C_t = \begin{bmatrix} 0 & 0 & 0 \\ -y_{1t} & 0 & 0 \\ 0 & -y_{1t} & -y_{2t} \end{bmatrix}$$

其中，y_{it} 是 y_t 的第 i 个元素，从而式（3-17）和式（3-18）现在呈现的是正态线性状态空间模型的形式，这便是我们从本节开始讨论的类型。因此，在这里的 MCMC 算法中，我们可以使用诸如 Carter 和 Kohn（1994）或 Durbin 和 Koopman（2002）的算法来抽取 L_t（以 h^T 和所有模型其他参数为条件）。

注意，我们假设 D_ζ 为对角矩阵。尽管有这种约束，所得到的多变量随机波动率模型也非常灵活。然而，值得注意的是如果研究者希望 D_ζ 是非对角的，同时又简单地假定它是一个正定矩阵，那么简单的 MCMC 算法（也就是正态线性状态空间模型的 MCMC 方法）将不再适用。Primiceri（2005）假设 D_ζ 具有一定的分块对角结构，这使得仍然可以使用正态线性状态空间模型的算法来抽取 L_t。Primiceri（2005）的模型可以进一步扩展为允许 D_ζ（式（3-13）之后定义的 h_t 的状态方程的误差协方差矩阵）成为任何的正定矩阵（而不是之前假定的对角矩阵）。Primiceri（2005）为这两个扩展模型

提供了精确的公式。接下来几章的实证例子将使用Primiceri（2005）的这些推广。

## 第4章

TVP-VAR模型

VAR模型是刻画宏观经济变量之间关系的有力工具，然而，它依赖于参数保持恒定这一过强的假设，在宏观经济学实证应用中，很多原因会导致这一假设显得过于苛刻。例如，美国的货币政策以及20世纪70年代美国经历的高通胀和低增长率时期到底是"糟糕的政策"还是"倒霉的经济形势"导致的？一些学者（例如，Boivin 和 Giannoni，2006；Cogley 和 Sargent，2001；Lubik 和 Schorfheide，2004）认为美联储对于通货膨胀的反应规则随着时间推移已经发生了变化（例如，在沃尔克和格林斯潘时期，美联储坚持反通货膨胀的力度明显比伯恩斯时期更加强烈）这是"糟糕的政策"的故事，也表明货币政策的传导机制可能发生改变。当然这个例子的前提是VAR模型的系数在20世纪70年代与之后的时期显著不同。另一些学者（例如，Sims 和 Zha，2006）强调外生冲击的方差随着时间而改变，而仅仅依靠这种时变的方差便可以解释货币政策所发生的明显变化。这便是"倒霉的经济形势"的例子（20世纪70年代间，经济变量的波动率很高，然而经济政策的制定者在后续时期幸运地经历了商业周期的"大缓和"时代），这也促使将多元变量的随机波动率加入到VAR模型中。还有一部分学者（例如，

Primiceri，2005；Koop等，2009）则认为不论是传导机制还是外生冲击的方差都是时变的。

这些例子表明了宏观经济研究的基本出发点，即对于宏观经济政策问题的探讨应该基于系数和误差项的协方差矩阵都能够随着时间而改变的VAR模型。事实上，大量的宏观经济学文献强调许多时间序列变量都发生了结构突变和参数变化（参见Stock和Watson，1996），此时应该采用其他的模型设定方式，例如马尔科夫区制转换的VAR模型（例如，Paap和van Dijk，2003；Sims和Zha，2006）或者其他的区制转换的VAR模型（例如，Koop和Potter，2006）。然而TVP-VAR模型可能是使用最为广泛的。目前采用TVP-VAR模型的参考文献包括但不限于：Canova（1993）、Cogley和Sargent（2001，2005）、Primiceri（2005）、Canova和Gambetti（2009）、Canova和Ciccarelli（2009）以及Koop等（2009）。在本书，我们将重点介绍TVP-VAR模型而略去体制转移的VAR模型的介绍。

4.1 同方差TVP-VAR模型

为了讨论TVP-VAR建模的基本问题，我们首先介绍该模型同方差的版本（即$\Sigma_t = \Sigma$）。自变量和因变量的定义方式与本书第2章中式（2-16）保持一致。其中，y_t是$M \times 1$的向量，包含M个因变量，Z_t是$M \times K$的矩阵。在第2章中，我们可以通过设定Z_t来定义无约束或者受约束VAR模型。Z_t里面也可以含有外生解释变量。[①]最基本的TVP-VAR模型可以写成

$$y_t = Z_t \beta_t + \varepsilon_t$$

[①] 在TVP-VAR模型中如果一些系数不随时间发生改变，我们可以根据式(3-1)和式(3-2)中类似的处理，加入W_t来实现。

以及

$$\beta_{t+1} = \beta_t + u_t \tag{4-1}$$

其中，ε_t 服从 i.i.d 的正态分布 $N(0,\Sigma)$，且 u_t 服从 i.i.d 的正态分布 $N(0,Q)$，对于所有的 t,s，ε_t 和 u_t 是相互独立的。

这个模型与 Cogley 和 Sargent（2001）采用的模型非常相似，由于它属于本书第 3 章所讨论的线性状态空间模型，我们可以方便地进行贝叶斯推断。因此，第 3 章中介绍的 MCMC 方法可以应用于同方差 TVP-VAR 模型的贝叶斯推断中。在大多数情形下，TVP-VAR 模型以及贝叶斯 TVP-VAR 模型在实践中拟合状况较好，然而在某些情形下，基本的 TVP-VAR 模型在实际中也会表现很差。本章的剩余部分将会给出这些问题产生的原因并介绍基本 TVP-VAR 模型的各种拓展形式以避免这些问题。

TVP-VAR 模型有时会表现较差往往是因为模型自身有太多的参数需要估计。在第 1 章，我们看到即便是 VAR 模型，由于待估参数过多，往往会使用先验分布，例如明尼苏达先验分布或者 SSVS 先验分布。当需要估计的参数过多而宏观时间序列的数据相对较短时，就会很难获得系数的准确估计。因而，一些我们感兴趣的内容，例如脉冲响应函数往往会出现发散的后验分布和过大的置信区间，进而导致实证研究中过度拟合的风险增加。在实证中，那些能实现多种缩减技术的先验分布往往能缓和这些问题。

在 TVP-VAR 模型中，参数过多的问题会变得更加严重，因为需要估计的参数增加了 T 倍。在第 3 章中，我们看到了这些状态空间模型中的状态方程怎么转化成分层先验分布（参见式（3-3）），并且在很多情形中，这些先验分布能够提供充分的缩减以得到合理的结果。但是值得注意的是，为 Q 设定一个相当紧的先验分布通常是比较好的办法。例如，如果式（3-6）被用作先验分布，那么 $\underline{\nu}_0$ 和 $\underline{Q}^{-1}$ 的选取对于产生合理的结果非常重要。[①]然而，在某些情形下，更可取的是引入更多的先验信息。我们将会介绍几种方法来实现这一目的。

4.1.1 贝叶斯同方差TVP-VAR方法的实证应用

为了介绍同方差 TVP-VAR 模型中的贝叶斯推断，我们采用与之前相同的数据集，共包含 1953 年 Q1 到 2006 年 Q3 的 3 个变量：通货膨胀率、利率和失业率。我们将滞后期数设定为 2。

我们采用 Primiceri（2005）使用的一种基于训练样本的先验分布。其中，先验分布的超参数设定为 OLS 估计量，训练样本的大小为 τ（这里设定 $\tau = 40$）。因此，截至 1962 年第 4 季度的数据被用作选取先验分布的超参数，数据的估计则始于 1963 年第 1 季度。准确来讲，训练样本先验中采用的 β_{OLS} 是恒定系数 VAR 模型中系数的 OLS 估计值，$V(\beta_{OLS})$ 是系数估计的协方差矩阵。

在这个模型中，我们需要设定初始状态 β_0 的先验分布，测量方程误差的协方差矩阵 Σ 和状态方程误差的协方差矩阵 Q。初始 β_0 的先验分布设定如下：

$$\beta_0 \sim N(\beta_{OLS}, 4 \times V(\beta_{OLS}))$$

然而，后两者则基于式（3-5）和式（3-6），且式（3-5）中 $\underline{\nu} = M + 1$，$\underline{S} = I$，而式（3-6）中 $\underline{\nu}_Q = \tau$，$\underline{Q} = 0.0001 \times \tau \times V(\beta_{OLS})$。

由于 VAR 模型的系数是时变的，在每一期参数的集合都不相同，这就

---

① 对 Q 设定扁平的非信息先验分布可能导致错误，因为扁平的先验分布实际上可能包含的信息非常多，赋予 Q 中很大的元素一个非常大的先验概率，而 Q 中很大的元素则会使得相应的 VAR 模型中的系数方差较大（即很大的权重都被赋予在缩减很难发生的参数空间内）。

导致展示的图或者表格中需要列出过多的参数。这里我们重点讨论脉冲响应函数（定义方式参见2.2.5节），但是此时在不同时点我们有不同的脉冲响应函数。[①]图4-1相应地画出了3个代表性时点的脉冲响应函数，分别是1975Q1、1981Q3以及1996Q1。为了简洁起见，我们仅列出了不同变量对于一单位货币政策冲击的脉冲响应值（利率方程中的一单位冲击）

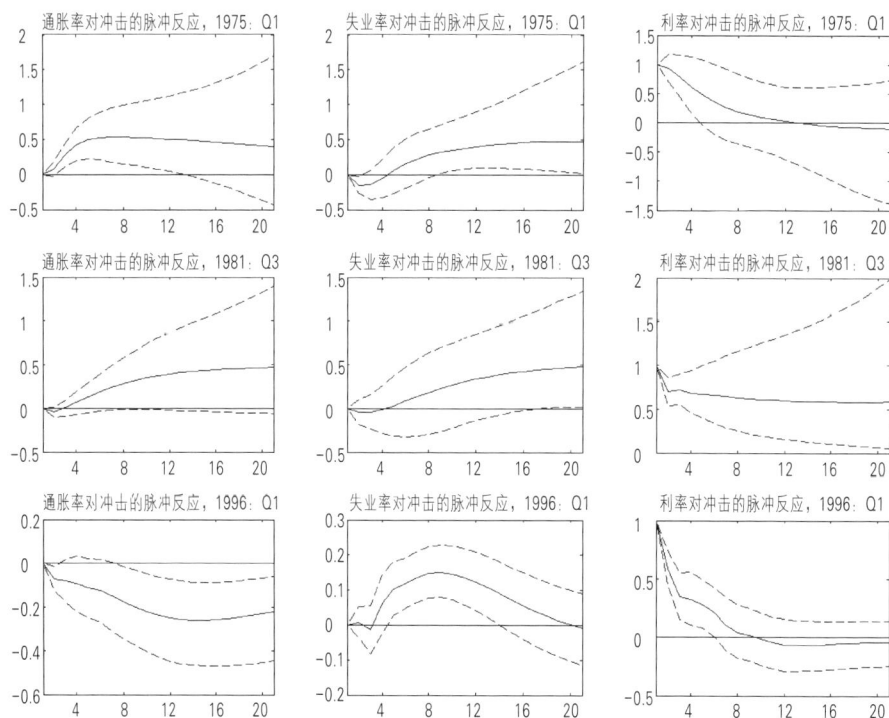

图4-1　不同时期货币政策冲击脉冲响应函数的后验

---

① 在计算脉冲响应函数值时，通常做法是在每个时间点 t 都利用 β_t 进行计算而忽略 β_t 随时间改变的事实，接下来也是这样处理的。关于贝叶斯脉冲响应函数分析更加一般化的处理可以参考 Koop（1996）。

利用上述设定的先验分布，我们可以发现3个不同代表性时期的脉冲响应函数值具有一定的差异（1975Q1、1981Q3和1996Q1）。在这幅图中，实线代表后验均值而虚线则分别代表10%和90%的置信区间。值得注意的是，在3个不同代表性时期，通货膨胀率对于货币政策的冲击的脉冲响应函数具有显著的差异，并且仅仅在1996年Q1的脉冲响应函数与图2-2和图2-3才匹配，这是由于本节脉冲响应函数与2.2.5节中的显著不同，也表明在模型中加入参数时变的重要性。

4.1.2 结合其他先验分布和TVP先验分布

明尼苏达和SSVS先验分布。在第一部分，我们介绍了在VAR模型中经常使用的几种先验分布形式，当我们转向TVP-VAR模型时，很自然的想法便是将这些先验分布与状态方程中的分层先验分布结合起来，这可以通过几种办法来完成。第一种办法，例如，Ballabriga等（1999）、Canova和Ciccarelli（2004）以及Canova（2007）所采用的，将TVP-VAR模型的先验分布和明尼苏达先验分布结合起来。为此首先将方程式（4-1）替换为：

$$\beta_{t+1} = A_0\beta_t + (I - A_0)\bar{\beta}_0 + u_t \tag{4-2}$$

其中，A_0 是 $k \times k$ 的矩阵且 $\bar{\beta}_0$ 是 $k \times 1$ 的向量，矩阵 A_0，β_0 和 Q 被视为未知的参数，或者选择一些具体的取值以与明尼苏达先验分布一致。例如，Canova（2007，p.399）基于明尼苏达先验分布来设定 $\bar{\beta}_0$ 和 Q 的形式，设定 $A_0 = cI$。其中，c 是标量。具体细节读者可以参阅Canova（2007），这里提供文章推荐这种先验分布的一个解释。注意，如果 $c = 1$，那么传统的TVP-VAR先验分布便可以推出 $E(\beta_{t+1}) = E(\beta_t)$，但是如果 $c = 0$，我们就有 $E(\beta_{t+1}) = \bar{\beta}_0$，Canova（2007）建议将 $\bar{\beta}_0$ 中的元素设定为自身滞后一阶的值，其他元素则设定为 0，这种先验分布设定与明尼苏达先验分布相同。Canova（2007）将 Q 设定为明尼苏达先验分布的协方差矩阵（类似于式（2-8））。标量 c 既可以被认为是未知参数也可以被视为待选的值（基于训练样本）。

我们也可以将 A_0 视为未知参数的矩阵，并且很容易在这种模型中进行贝叶斯推断，因为只需要在 MCMC 算法中增加一个模块即可。在第 3.2 节中，我们在正态线性状态空间模型中，看到了如何用包含 $p\left(\Sigma^{-1}\,\middle|\,y^{T},\beta^{T}\right)$，$p\left(Q^{-1}\,\middle|\,y^{T},\beta^{T}\right)$ 以及 $p\left(\beta^{T}\,\middle|\,y^{T},\Sigma,Q\right)$ 的 MCMC 算法来进行后验模拟。如果 A_0 包含未知参数，涉及 $p\left(\Sigma^{-1}\,\middle|\,y^{T},\beta^{T},A_0\right)$，$p\left(Q^{-1}\,\middle|\,y^{T},\beta^{T},A_0\right)$ 和 $p\left(\beta^{T}\,\middle|\,y^{T},\Sigma,Q,A_0\right)$ 的 MCMC 算法可以类似进行。利用 3.2 节的标记，只需设定 $\Pi_t = A_0$ 便可以使用 3.2 节所介绍的算法。为了完成 MCMC 算法，我们需要从 $p\left(A_0\,\middle|\,y^{T},\Sigma,Q,\beta^{T}\right)$ 中进行抽样，但这取决于 A_0 的设定，但是一般来讲如果利用 VAR 模型的相关结论，这种后验条件分布很容易得到，也就是说，$p\left(A_0\,\middle|\,y^{T},\Sigma,Q,\beta^{T}\right)$ 是关于 β^{T} 的条件分布，并且式（4-2）可以写成 VAR 模型的形式：

$$\beta_{t+1} - \bar{\beta}_0 = A_0\left(\beta_t - \bar{\beta}_0\right) + u_t$$

其中，$\beta_{t+1} - \bar{\beta}_0$ 是因变量，$\beta_t - \bar{\beta}_0$ 是因变量的滞后一阶。在 MCMC 算法的具体实施中，这些因变量和滞后因变量可以被抽样值替代。

任何先验分布都可以被用作 $a_0 = \mathrm{vec}\left(A_0\right)$ 的先验，包括第 2 章中描述的 VAR 模型的先验分布。这里我们不提供具体的公式，但是值得注意的是，它们的形式与第 2 章基本一致，只需将 y_t 替换为 $\beta_{t+1} - \bar{\beta}_0$ 并且 x_t（或者 Z_t）替换为 $\beta_t - \bar{\beta}_0$。

在实证中，a_0 的先验分布可以设为第 2.2.3 节中的 SSVS 先验分布。有趣的是，如果我们采用式（2-22）式（2-23）设定 a_0 的先验分布，并设定

$\bar{\beta}_0 = 0$[①] 会带来什么结果。这意味着 a_{0j}（a_0 的第 j 个元素）有如下的先验形式：

$$a_{0j} \mid \gamma_j \sim (1 - \gamma_j) N(0, \kappa_{0j}^2) + \gamma_j N(0, \kappa_{1j}^2)$$

γ_j 是虚拟变量，并且 κ_{0j}^2 非常小（a_{0j} 的范围被限制到几乎接近于0），但是 κ_{1j}^2 比较大（因此 a_{0j} 的范围相对不受约束），我们将 SSVS 先验分布和 TVP 先验结合起来意味着在我们的模型中，a_{0j} 以 γ_j 的概率服从一般时变系数模型中的随机游走过程，以 $1 - \gamma_j$ 的概率接近于0。这种模型之所以实用不仅因为它允许 VAR 模型的系数随时间而变（这在实证中很重要），而且由于允许一些滞后因变量从 VAR 模型中被删除从而能避免超参数问题。Groen 等（2008）给出了另外一种有意思的方法。

分层先验再分层。另一种将时变系数模型与其他的先验信息结合起来的方法是，在 TVP-VAR 模型中增加状态方程（分层先验中增加分层）。这种框架源自 Chib 和 Greenberg（1995），并且已经在宏观经济学研究中采用，例如 Ciccarelli 和 Rebucci（2002）。

此时，我们需要将 TVP-VAR 模型写成：

$$y_t = Z_t \beta_t + \varepsilon_t \tag{4-3}$$
$$\beta_{t+1} = A_0 \theta_{t+1} + u_t$$
$$\theta_{t+1} = \theta_t + \eta_t$$

所有的假设都和标准的 TVP-VAR 模型的设定相同，但是我们新增假设：η_t 服从 i.i.d. 的正态分布 $N(0, R)$，并且 η_t 独立于模型中的误差项。

首先值得注意的是，这种设定方式仍然使得 VAR 模型的相关系数是随

---

① 如果 VAR 模型中的变量都是水平变量，那么我们应该设定 $\bar{\beta}_0$ 中的分量与自身滞后一阶的值的相关系数为1，这也与通常明尼苏达先验分布中的系数随机游走吻合。

机游走过程。因为它可以写为：

$$y_t = Z_t \beta_t + \varepsilon_t$$

$$\beta_{t+1} = \beta_t + v_t$$

其中，$v_t = A_0 \eta_t + u_t - u_{t-1}$。在这个意义下，它是一个具有随机游走状态方程的 TVP-VAR 模型，但是与式（4-1）不同的是，状态方程的误差项具有特殊的 MA（1）结构。

另外一种解释该模型的方法是，如果 A_0 是一个方阵，它的条件先验分布可以写成：

$$E\left(\beta_{t+1} \mid \beta_t\right) = A_0 \beta_t$$

因此，这将普通 TVP-VAR 模型中的随机游走先验信念与 A_0 所包含的先验信念相结合。A_0 通常被视为已知的。

值得注意的是，θ_t 的维数可能比 β_t 低，这可以很方便地使模型变得更加简约。例如，Ciccarelli 和 Rebucci（2002）采用了包含 G 个国家的面板 VAR 模型，每个国家的 k_G 个自变量都具有时变系数。他们设定：

$$A_0 = \iota_G \otimes I_{k_G}$$

这意味每一个系数中都含有时变的成分，而且这对所有国家都相同（而不是 G 个不同的时变成分产生于每个国家的不同成分）。因此，θ_t 是 $k_G \times 1$ 的向量但是 β_t 是 $k_G G \times 1$ 的向量。

Chib 和 Greenberg（1995）描述了这个模型中的先验计算。另外，第 3 章状态空间模型介绍的后验模拟方法在这里也可以使用，但这里状态空间模型的设定更加一般化。正如上一节所描述的，如果 A_0 被当作未知参数的矩阵，任何先验分布均可被使用，只需在 MCMC 方法中新增一个模块。这个模块的形式通常非常简单，给定这些状态的条件下，我们有 $\beta_{t+1} = A_0 \theta_{t+1} + u_t$，这与多元回归模型具有相同的结构。

一个实证上有用的例子是如果我们用2.2.3节中的SSVS先验分布作为A_0的先验，那么我们的VAR模型中的一些系数和标准时变系数模型中一样呈现随机游走过程，而另一些系数则从模型中被省略。

4.1.3 对VAR模型系数施加不等约束

实证宏观经济学所使用的时间序列通常被视为是非爆炸性的。因此，在TVP-VAR模型中，比较合理的是在每一个时点施加稳定条件。正如Cogley和Sargent（2001，2005）在每一时刻$t = 1, ..., T$，限制β_t以满足VAR模型通常的稳定性条件，这意味着VAR模型的特征多项式的根必须在单位圆以外。确实如此，如果没有这样的稳定性限制条件（或者非常紧的先验），贝叶斯TVP-VAR模型可能会在β_t的爆炸性取值上面有过多的权重（例如，明尼苏达先验分布核心是一个随机游走过程，它将一些先验权重分配给了参数空间取值的爆炸性区域），这就会给实证带来困难。例如，β_t的爆炸性区域很小的后验概率就会导致脉冲响应函数具有反直觉的较大的后验均值和标准差。给定TVP-VAR模型有许多参数需要估计，但是研究者往往具有相对较小的数据集，β_t的后验标准差可能非常大。因此，即使β_t是稳定的，并且其后验均值也表现出稳定性，通常较大的后验方差也意味着相当大的后验概率分配给了爆炸性区域。

之前一段说明实证研究者往往需要在β_t上面施加不等约束以避免TVP-VAR模型可能带来的潜在的超参数问题，其他的一些不等约束也是可能的。在理论中，施加不等约束是降低超参数问题的有力方法。在实际应用中，这种方法也会有一个问题。在正态线性状态空间模型中，标准的状态空间方法不进行修改可能不能直接应用。这个模型的MCMC算法包括从

$p\left(\beta^{T}\,\middle|\,y^{T},\Sigma,Q\right)$ 中进行抽样，而这有许多有效的算法来实现（例如 Carter 和 Kohn，1994；Fruhwirth 和 Schnatter，1994；DeJong 和 Shephard，1995；Durbin 和 Koopman，2002）。然而，所有的这些算法都是基于多元正态分布推导出的，并不能推广到多元正态分布服从不等约束的情况。

目前有两种方法被用于施加了稳定性限制的 TVP-VAR 模型（或者其他不等约束）。Koop 和 Potter（2009）讨论并比较了这两种方法。第一种涉及 Carter 和 Kohn（1994）提出的标准算法，从无约束的 VAR 模型中抽取 β^{T}，如果任何一次抽样 β^{T} 违反了不等约束，则整个向量 β^{T} 被拒绝。[①]如果 β^{T} 的每一个元素都满足不等约束，则 β^{T} 以一定的概率被接受（接受概率的公式由 Koop 和 Potter（2009）给出）。这种算法的一个潜在问题是可能会陷入死循环，几乎每个 β^{T} 都会被拒绝。在理论中，如果抽样次数足够多，那么这种 MCMC 算法会比较准确。在实证中，足够多的抽样次数可能非常大，因此这种算法在可行的计算时间内可能产生不了精确的结果。

在没有施加不等约束时，诸如 Carter 和 Kohn（1994）等算法的优点是它们是多步算法，也就是说它们可以直接从 $p\left(\beta^{T}\,\middle|\,y^{T},\Sigma,Q\right)$ 中抽取整个向量 β^{T}。MCMC 算法的逻辑是在 $t=1,\dots,T$ 时，逐次从 $p\left(\beta^{T}\,\middle|\,y^{T},\Sigma,Q,\beta_{-t}\right)$ 中抽取 β_{t} 也是有效的。其中，$\beta_{-t}=(\beta'_{1},\dots,\beta'_{t-1},\beta'_{t+1},\dots,\beta'_{T})'$，这确实是一种有效方法。然而，在实证中很少使用，因为这种单步算法混合起来很慢。也就是说，它们倾向于产生高度相关的抽样序列，相对于多步算法，这就要求更多的抽样次数以达到给定的精确度。第二种处理带有不等约束 TVP-VAR 模型的方法是单步算法。正如之前所说，这种算法的不足是混合较慢，但是这种缺点不敌

---

① 可以证明，只拒绝 β^{T} 中不满足不等式约束的分量并不是有效的抽样。

它的优点，也就是单步算法不会遭遇多步算法陷入死循环的困境（多步算法可能陷入死循环且拒绝每一次抽样）。

Koop 和 Potter（2009）提供了各种算法的细节并比较了他们在宏观经济学实证中的优缺点。

4.1.4 动态混合模型

另一种使得 TVP-VAR 模型的参数化变紧的方法是 Gerlach 等（2000）提出的动态混合模型。Giordani 等（2007）以及 Giordani 和 Kohn（2008）已经将这个模型应用于实证宏观经济学研究中，Koop 等（2009）将其应用到 TVP-VAR 模型中。

为了阐述动态混合模型在 TVP-VAR 模型分析中的作用，我们可以回到式（3-1）和式（3-2）给出的线性状态空间模型的一般形式，由于这个模型取决于一系列的矩阵，Z_T, Q_T, Π_T, W_T 和 Σ_T，动态混合模型让这些系统矩阵取决于 $s \times 1$ 的向量 $\tilde{K}_t$。Gerlach 等（2000）阐述了这种设定方式是怎么导致 y_t 具有混合正态分布表示形式的，这也是动态混合模型这个词产生的原因。Gerlach 等（2000）的主要贡献是提出了这类模型后验模拟的有效算法。这种算法之所以有效，是因为所有状态变量都已经被积分掉，且 $\tilde{K} = \left(\tilde{K}_1, \ldots, \tilde{K}_T\right)$ 是无条件抽样（并不是取决于状态）。一种简单的备择算法是从 $\tilde{K}_T$ 以 β^T 为条件的后验分布中进行抽样（并从 β^T 以 $\tilde{K}$ 为条件的后验分布中进行抽样），但是这种策略产生的一系列抽样被证明混合得很慢。Gerlach 等（2000）算法只要求 $\tilde{K}_T$ 具有马尔科夫性质（$p\left(\tilde{K}_t \mid \tilde{K}_{t-1}, \ldots, \tilde{K}_1\right) = p\left(\tilde{K}_t \mid \tilde{K}_{t-1}\right)$），并且如果 $\tilde{K}_t$ 是离散的随机变量，算法会更加简单，我们这里不再提供算法的具体细节，读者可以参考 Gerlach 等（2000）或 Giordani 和 Kohn（2008），本书网站的 Matlab 代码也提供了这种算法。

这种动态混合框架在许多实证宏观经济学中都应用很广泛，这里我们展示其中的一个用处。考虑以下的 TVP-VAR 模型：

$$y_t = Z_t \beta_t + \varepsilon_t$$

且

$$\beta_{t+1} = \beta_t + u_t$$

其中，ε_t 服从 i.i.d. 的正态分布 $N(0, \Sigma)$，u_t 也服从 i.i.d. 的正态分布 $N(0, \tilde{K}_t Q)$。除了状态方程误差项的协方差矩阵以外，这个模型与 4.1 节的 TVP-VAR 模型基本一样。选取 $\tilde{K}_t \in \{0, 1\}$ 并假定它的分层先验分布具有如下形式：①

$$p(\tilde{K}_t = 1) = q$$

$$p(\tilde{K}_t = 0) = 1 - q$$

其中，q 是未知参数。这是动态混合模型的一种简单形式，它具有以下性质：

$$\beta_{t+1} = \beta_t + u_t \quad 如果 \quad \tilde{K}_t = 1$$

$$\beta_{t+1} = \beta_t \quad 如果 \quad \tilde{K}_t = 0$$

q 是系数改变的概率，$\tilde{K}_t$ 和 q 都是基于数据估计得到的。因此，如果数据允许，这个模型拥有 TVP-VAR 模型的灵活性（只需要对 $t = 1, 2, \ldots, T$ 选择 $\tilde{K}_t = 1$，同时它也可以选择一种更为简约的模型，最极端的情形是，对 $t = 1, 2, \ldots, T$ 选择 $\tilde{K}_t = 0$，这时我们就得到了系数恒定的 VAR 模型）。

这个简单的例子允许 VAR 模型的系数在每一个时间点 t 改变（如果 $\tilde{K}_t = 1$）或者不改变（如果 $\tilde{K}_t = 0$）。更复杂的模型允许一些参数发生改变而另一

---

① $\tilde{K}_t$ 的这种设定方法事实上是一种退化意义下的马尔科夫过程，因为独立的过程也是一种特殊的马尔科夫过程。

些则不发生变化。例如，$\tilde{K}_t$ 是含有 M 个元素的向量，每一个都会应用到 VAR 模型的每一个方程中去。这样的模型允许 VAR 模型的系数在一些方程中随时间而变，而在另一些方程中则保持恒定。在具有多元随机波动率的模型中，$\tilde{K}_t$ 中的一些分量可能可以控制测量误差协方差矩阵 Σ 的变动。Koop 等（2009）沿用了这种设定方法。当然，很多其他可能的设定方法也存在（参见 Chan 等（2010）提出的时变维数模型）。动态混合模型的另一大优点是目前有较为完备且易于理解的 MCMC 算法，使得贝叶斯推断变得非常简单直接。

4.2　带有随机波动率的 TVP-VAR 模型

到目前为止，我们基本集中介绍了同方差的 TVP-VAR 模型，假设误差的协方差矩阵 Σ 是恒定的常数，但是我们在 3.3 节提出在实证宏观经济学中波动率问题非常重要。因此，在大多数情形下，在 TVP-VAR 模型中允许多元随机波动率的存在非常关键。3.3.2 节讨论了多元随机波动率，注意对于 Σ 有很多可能的设定方法。Cogley 和 Sargent（2005）以及 Primiceri（2005）采用的特殊的方法已经仔细讨论了。我们现在需要注意的是这些方法或者其他方法是否可以被加入到同方差的 TVP-VAR 模型中去。

关于这里 MCMC 算法中的贝叶斯推断，我们只需要在原有 MCMC 算法中增加另一个模块，对每一个时间点 $t = 1,...,T$ 抽取 Σ_t。也就是说，在同方差 TVP-VAR 模型中，我们看到涉及 $p\left(Q^{-1} \middle| y^T, \beta^T\right)$，$p\left(\beta^T \middle| y^T, \Sigma, Q\right)$ 和 $p\left(\Sigma^{-1} \middle| y^T, \beta^T\right)$ 的 MCMC 算法的具体使用。当加入多元随机波动率时，第一个条件概率密度不发生改变，第二个条件概率密度 $p\left(\beta^T \middle| y^T, \Sigma, Q\right)$ 则变成 $p\left(\beta^T \middle| y^T, \Sigma_1,...\Sigma_T, Q\right)$，而这可以利用之前所涉及的正态线性状态空间模型的任一种算法进行抽样（例

如，Carter 和 Kohn，1994）。最后，$p\left(\Sigma^{-1} \mid y^{T}, \beta^{T}\right)$ 被 $p\left(\Sigma_{1}^{-1}, \ldots \Sigma_{T}^{-1} \mid y^{T}, \beta^{T}\right)$ 所替代，这种后验条件分布中的抽样可以参见 3.3.2 节的描述。

4.3 具有随机波动率的 TVP-VAR 模型中贝叶斯推断的实证介绍

我们继续介绍关于 4.4.1 节中同方差 TVP-VAR 模型的实证应用。除了我们加入了 Primiceri（2005）提出的随机波动率以外，其他的实证细节都与 4.4.1 节基本相同。多元随机波动率相关的参数先验设定都与 Primiceri（2005）相同。

为了简单起见，我们没有展示脉冲响应函数（这与 Primiceri，2005，展示的基本类似），我们将展示与多元随机波动率相关的一些信息。图 4-2 展示了 TVP-VAR 模型中 3 个方程中误差项的时变波动率变化图。图 4-2 说明所有方程中误差的方差具有明显的时间变化。尤其是在 20 世纪 70 年间美国经济经历了波动非常大的时期，20 世纪 80 年代早期的"货币主义政策试验"也非常不稳定。然而，20 世纪 80 年代之后 3 个方程的误差项的波动率均已出现显著的下降，这也就是后面所说的商业周期的"大缓和"时代。

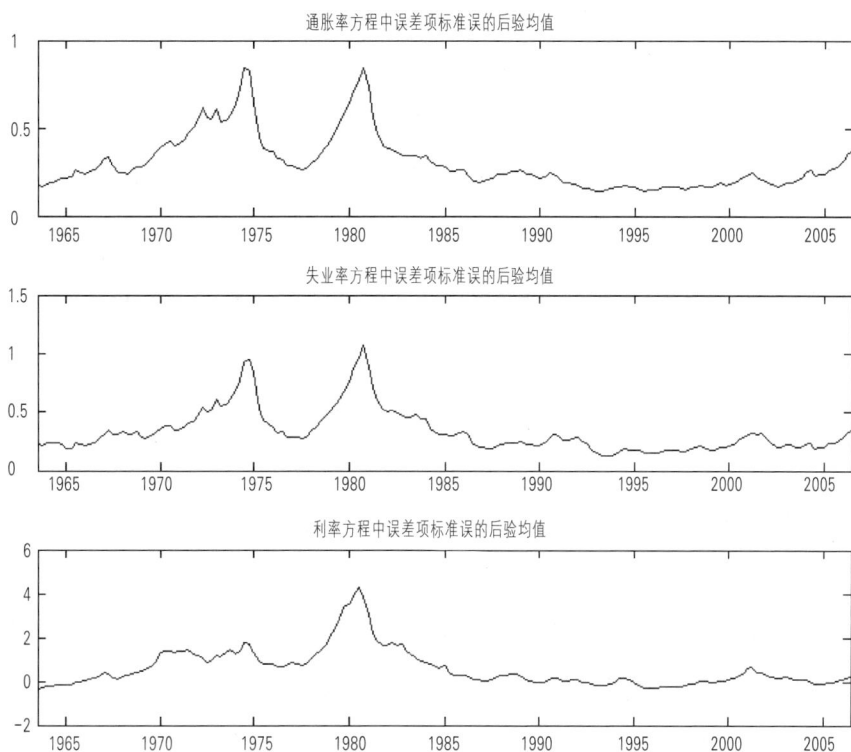

通胀率方程中误差项标准误的后验均值

失业率方程中误差项标准误的后验均值

利率方程中误差项标准误的后验均值

图4-2　TVP-VAR模型三个方程中误差项的时变波动率

## 第 5 章

因子模型

到目前为止，我们讨论的 VAR 模型和 TV-VAR 模型通常适用于模型中变量个数相对较少的情形（一般 3 到 4 个，很少超过 10 个）[1]。然而，在现代经济学中，宏观经济学家往往需要处理成百上千的时间序列变量，尤其是预测时，研究者通常希望能加入尽可能多的信息，此时就需要增加尽可能多的变量，但这又导致模型中变量和参数的数目非常大。一般地，研究者希望能寻找一种既能从大量数据集中提取相关信息，又可以保持模型简约的方法。由 Geweke（1977）最先提出的因子模型是实现这一目标最常见的方法（参见 Stock 和 Watson（2006）最近的综述）。Forni 和 Reichlin（1998）、Stock 和 Watson（1999，2002）以及 Bernanke 和 Boivin（2003）的实证应用中推广了宏观经济家采用的因子分析方法。Geweke 和 Zhou（1996）、Otrok 和 Whiteman（1998）以及 Kose 等（2003）的研究引发了贝叶斯方法在这些模型中的应用。Bernanke 等（2005）、Stock 和 Watson（2005）已经将因子模型与 VAR 模型结

---

[1]　一个重要的例外是 Banbura 等（2010），他使用了多达 130 个变量的贝叶斯 VAR 模型（系数不随时间而变）。

合起来。最近几年，例如，Del Negro 和 Otrok（2008）以及 Korobilis（2009a）将这些模型拓展到时变系数的情形。在这一部分，我们将介绍动态因子模型以及它们的拓展形式——因子增广型 VAR 模型（FAVAR 模型以及 TVP-FA-VAR 模型）。正如我们将看到的，这些模型都可以表示为状态空间模型，我们之前所讨论的状态空间模型的贝叶斯 MCMC 算法在这里也适用。

5.1 介 绍

我们依然保留我们的记号，y_t 是 $M \times 1$ 时间序列变量，但是现在 M 将非常大，让 y_{it} 代表其中的变量，一个简单的静态因子模型可以表述为（参见 Lopes 和 West，2004）：

$$y_t = \lambda_0 + \lambda f_t + \varepsilon_t \tag{5-1}$$

因子模型最重要的部分就是 f_t 的引入，含有 q 个不可观测的潜在变量组成的 $q \times 1$ 的向量（$q \ll M$），包含了从所有 M 个变量中提取出来的信息。这些因子对于每一个因变量都是相同的（相同的因子出现在每一个 y_{it} 的方程中，$i - 1, \ldots, M$），但是它们可能有不同的系数（λ 是一个 $M \times q$ 的因子载荷矩阵）。同时，每一个因变量对应的方程都有自己不同的系数（λ_0 是 $M \times 1$ 的参数向量）。ε_t 服从 i.i.d. 的正态分布 $N(0, \Sigma)$。然而，由于某些原因，Σ 通常被限定为对角矩阵，不同的因子模型源自于对于因子的不同假设。例如，最简单的情形便是假定所有的因子服从标准的正态分布，$f_t \sim N(0, I)$。这说明从观测数据所得到的协方差矩阵可以写为：

$$\text{var}(y) = \lambda \lambda' + \Sigma$$

如果我们假设因子具有协方差矩阵 Σ^f（不一定是对角阵），则这个分解式变成：

$$\text{var}(y) = \lambda \Sigma^f \lambda^{'} + \Sigma$$

即使在这么一个简单静态的框架中，许多拓展也是可能的。例如，Pitt 和 Shephard（1999）采用一种因子随机波动率的设定（例如，因子协方差矩阵的对角阵 Σ_t^f 可能随时间而发生变化，对角元素服从几何随机游走过程）。West（2003）则对于参数 (λ_0, λ) 使用了 SSVS 方法。

我们之所以写出这些协方差矩阵是为了说明因子模型中可能出现的识别问题。通常来讲，$\text{var}(y)$ 有 $M(M+1)/2$ 个元素需要被估计。然而，没有进一步的约束，Σ 和 λ（$\Sigma, \Sigma^f, \lambda$）的元素会更多。最常见的设定就是 Σ 是一个对角矩阵，这意味着所有变量的共性都由因子产生，ε_t 的每一个分量都代表该分量的一种特质性冲击，但是通常也需要额外的识别约束条件。Lopes 和 West（2004）、Geweke 和 Zhou（1996）给出了一个为什么在简单因子模型中识别条件达不到的清晰解释。接下来我们将讨论一些更加灵活的因子模型，但是我们强调这种灵活性的增加需要施加更多的识别约束条件。在这些模型中，目前并没有一套单一的、普遍适用的方法来达到识别的目的。接下来我们采用现有文献中的一些特殊设定，但是其他设定方法也是允许的。

5.2 动态因子模型

在宏观经济学中，将静态因子模型推广为描述宏观经济变量的动态形式非常普遍。这也使得动态因子模型（DFMS）应运而生。一般的动态因子模型可以写成：

$$
\begin{aligned}
y_{it} &= \lambda_{0i} + \lambda_i f_t + \varepsilon_{it} \\
f_t &= \Phi_1 f_{t-1} + \dots + \Phi_p f_{t-p} + \varepsilon_t^f \\
\varepsilon_{it} &= \phi_{i1} \varepsilon_{it-1} + \dots + \phi_{ip_i} \varepsilon_{it-p_i} + u_{it}
\end{aligned} \tag{5-2}
$$

其中，f 定义式如式（5-1）所示，λ_i 是一个 $1 \times q$ 的因子载荷向量。同时，每一个因变量方程都有自己的截距 λ_{0i}。每一个方程中的误差项 ε_{it}，可能是自相关的。正如式（5-2）的设定所示，u_{it} 假定服从 i.i.d. 的正态分布 $N(0, \sigma_i^2)$。因子向量被假定服从一个 VAR 过程，ε_t^f 服从 i.i.d. 的正态分布 $N(0, \Sigma^f)$。误差项 u_{it} 和 ε_t^f 对于每一个 i, t 都是相互独立的。

文献中给出了式（5-2）所对应的动态因子模型的很多小的修正。但是这种设定比较普遍，我们将在这一框架下进行讨论。值得注意的是，它涵盖了许多识别假设和一些其他保证简约的假设。特别地，$\Sigma^f = I$ 是最常见的识别假设。[1] 如果 Σ^f 没有施加约束，那么就不可能分别对 Σ^f 和 λ_i 进行识别。类似地，u_{it} 与 $u_{jt}(i \neq j)$ 且与 ε_t^f 不相关也是一种标准的识别假设，这保证了 y_t 中不同变量的联动来自于所有的因子。即使有这些假设，也可能会导致识别不足。因为式（5-2）的第一个方程可以被替换成：

$$y_{it} = \lambda_{0i} + \lambda_i C' C f_t + \varepsilon_{it}$$

其中，C 是任意的正交矩阵。[2] 因此，式（5-2）与一个具有因子 $C f_t$ 和因子载荷 $\lambda_i C'$ 的模型观测等价。一种解决该问题的办法是对于 λ_i 施加约束（正如接下来在我们实证例子中所讨论的）。Stock 和 Watson（2005）提供了多种动态因子模型的更详细的讨论及其识别方法。关于识别问题，Sentana 和 Fiorentini（2001）也有更深层次的介绍。

为了简化下面的讨论，我们假设测量方程中的误差项是不相关的（即 ε_{it} 是 i.i.d.（独立同分布）的正态分布 $N(0, \sigma_i^2)$。因此，$\phi_{i1} = ... = \phi_{ip_i} = 0$）。我

---

① 然而,如果我们需要考虑因子变量的随机波动率(正如接下来将讨论的以及 Pitt 和 Shephard,1999),则不能采用这种识别假设,而需要其他的识别条件。

② 如果 C 是正交矩阵,则它具有性质 $C'C = I$。

们这样做不是因为具有自相关的标准误在实证中不重要，相反它可能重要，而是因为这仅仅只需要在标准MCMC算法中直接增加额外的模块即可。也就是，加入具有AR或者ARMA结构的标准误到式（5-2）所示的回归模型中，这里需要采用Chib和Greenberg（1994）的标准方法。更准确地讲，Chib和Greenberg（1994）的算法将产生$\phi_{i1},...,\phi_{ip_i}$的抽样值，这些值可以插入到通常AR模型的拟差分算子中，而这种算子便可以应用于式（5-2）的第一个方程。下文描述的MCMC方法便可以适用于模型其他参数的抽样，只要将y_{it}和f_t替换为各自的拟差分序列即可。

5.2.1　用估计来替换因子：主成分分析法

动态因子模型实际上将f_t视为不可观测的潜在变量所组成的向量，在讨论它的完整贝叶斯分析之前，值得提一提一种在实际中非常方便的近似方法。Koop和Potter（2004）便采用了这种近似方法。注意，动态因子模型与回归模型具有大致相同的结构：

$$y_{it} = \lambda_{0i} + \tilde{\lambda}_{0i} f_t + \cdots + \tilde{\lambda}_{pi} f_{t-p} + \tilde{\varepsilon}_{it} \tag{5-3}$$

因此，如果f_t是已知的，我们就可以采用多元正态回归模型的贝叶斯方法对这种动态因子模型进行估计和预测。

然而，我们经常采用主成分分析法来近似f_t。[1]因此，动态因子模型贝叶斯分析的近似方法可以简单地将式（5-3）中的f_t替换为估计得到的主成分，然而利用回归模型的办法。

5.2.2　将因子视为不可观测的潜在变量

将因子视为不可观测的潜在变量，然后利用第3章讨论的状态空间模型

---

① 如果Y是包含所有变量的$T \times M$的矩阵，而W是包含$Y'Y$最大的q个特征值所对应的特征向量的$M \times q$的矩阵，则$F = YW$代表对于因子矩阵的估计。

的贝叶斯方法也并不困难。如果我们将测量方程误差项的 AR 结构忽略，就会很容易看到这一点。我们可以将动态因子模型写成：

$$y_{it} = \lambda_{0i} + \lambda_i f_t + \varepsilon_{it}$$
$$f_t = \Phi_1 f_{t-1} + \ldots + \Phi_p f_{t-p} + \varepsilon_t^f \tag{5-4}$$

对于 $i = 1, \ldots, M$，ε_{it} 服从 i.i.d. 的正态分布 $N(0, \sigma_i^2)$，且 ε_t^f 也服从 i.i.d. 的正态分布 $N(0, \Sigma^f)$。在这种形式中，可以很清楚地看到动态因子模型是一种具有式（3-1）和式（3-2）形式的正态线性状态空间模型。因此所有第 3 章引入的后验模拟方法都可以进行贝叶斯推断。接下来，我们将提供这些步骤的一些细节。

首先注意，在模型的参数 $\Sigma^f, \Phi_1, \ldots, \Phi_p, \lambda_{0i}, \lambda_i, \sigma_i^2$ 给定的条件下，对于 $i = 1, \ldots, M$，所有状态空间模型的标准算法，例如 Carter 和 Kohn（1994），可以用于抽取因子。但是在给定这些因子的条件下，测量方程仅仅是 M 个正态线性方程模型。注意 ε_{it} 与 $\varepsilon_{jt}(i \neq j)$ 相互独立的假定意味着 M 个方程中的 $\lambda_{0i}, \lambda_i, \sigma_i^2$ 的后验分布关于 i 是相互独立的。因此，每一个方程中的参数可以逐次抽样。最后，在给定这些因子的条件下，状态方程变成 VAR 模型且第 2 章描述的 VAR 模型的贝叶斯方法可以使用。因此，每一个模块中的吉布斯抽样采用标准的形式（这里不需要 Metropolis-Hastings 算法）。有关这一模型和其他相关模型的具体公式的细节在文献中都可以找到，例如，Geweke（1996）、Kim 和 Nelson（1999）、Lopes 和 West（2004）或 Del Negro 和 Schorfheide（2010）。Lopes 和 West（2004）还讨论了因子个数 q 的选择。

前面一段讨论了在这本书之前讨论的 MCMC 算法中加入一些模块后的修正的 MCMC 算法。但是，Chib 等（2006）、Chan 和 Jeliazkov（2009）发现，这种算法在给定因子的条件下抽取模型参数时，MCMC 算法会表现很差。这种算法产生的抽样序列会有较强的相关性，这意味着需要很多的抽样次数才能达到准确估计。这些文章还提供了其他的算法，通过将因子积分掉从而避免这个问题。

5.2.3 动态因子模型的脉冲响应分析

在我们讨论 VAR 模型的脉冲响应分析时，我们强调了基于结构 VAR 模型的脉冲响应分析通常是怎么完成的：

$$C_0 y_t = c_0 + \sum_{j=1}^p C_j y_{t-j} + u_t$$

或者

$$C(L) y_t = c_0 + u_t$$

其中，u_t 服从独立同分布的正态分布 $N(0,I)$，$C(L) = C_0 - \sum_{j=1}^p C_j L^p$ 且 L 是滞后算子。事实上，脉冲响应函数就是向量移动平均（VMA）表示的系数：

$$y_t = \tilde{c}_0 + C(L)^{-1} u_t$$

其中，$\tilde{c}_0$ 是截距向量 $\tilde{c}_0 = C(L)^{-1} c_0$。更准确地说，第 i 个变量对于第 j 个结构冲击第 h 期的脉冲响应，就是 VMA 中 u_{t-h} 对应的系数矩阵的第 (i,j) 个元素。这也可以很清楚地看出脉冲响应分析实际需要的是模型的 VMA 表述以及一种通过选择 C_0 来识别结构冲击的办法。

利用动态因子模型，我们可以得到 y_t 的 VMA 表示。通过将式（5-4）中的状态方程代入测量方程，我们可以得到：

$$y_t = \varepsilon_t + \lambda \Phi(L)^{-1} \varepsilon_t^f = B(L) \eta_t$$

其中，$\Phi(L) = I - \Phi_1 L - \cdots - \Phi_p L^p$，并且为了记号的简便，我们将截距项进行压缩，并且仍然假定 ε_t 是序列不相关的。加入这种序列相关其实也非常直接（意味着，VMA 表示中将会加入 $\varepsilon_{t-1}, \ldots \varepsilon_{t-p}$）

在VMA形式中，可以看出标准的脉冲响应分析方法在动态因子模型中会遇到困境。因为VMA形式中的误差项是测量方程误差 ε_t 和状态方程误差 ε_t' 的一种混合。例如，在VAR模型中，为了识别结构性冲击，非常普遍的是将 C_0 设定为下三角矩阵。如果利率是 y_t 的最后一个分量，这就保证利率方程中的误差项对于其他变量没有直接的影响，因此可以将其识别为中央银行控制下的货币政策冲击（这个冲击与利率的改变成比例）。在动态因子模型中，假定 C_0 为下三角矩阵，这里所定义的货币政策冲击不仅仅反映利率的变化，还会反映 ε_t' 中其他分量的变化。因此，动态因子模型脉冲响应分析会陷入困境：很难识别具有经济意义的结构冲击，这就导致了FA-VAR模型的产生。在某种意义下，FAVAR只是动态因子模型的另一种形式，但是隐含地施加了约束，允许进行具有经济意义的脉冲响应分析。[1]

5.3 因子增广型VAR模型（FAVAR模型）

动态因子模型经常用于预测。然而，将VAR模型的理论观点与因子分析方法从高维数据中提取信息的能力相结合便促使了因子增广型VAR模型或者FAVAR模型的发展。例如，VAR模型中可以通过施加隔离出货币政策冲击的识别假设从而计算脉冲响应函数，测度货币政策冲击的影响。如上所述，这种理论方法在动态因子模型中很难实现。然而，VAR模型中经常只含有少数变量，这意味着一些重要经济信息可能会丢失。[2]这也意味着通过

---

[1] 这是Stock和Watson（2005）给出的关于FAVAR模型的解释，他们首先将FAVAR模型简单视为动态因子模型的VAR形式。

[2] 例如，仅包含少数变量的VAR模型可能会导致反直觉的脉冲响应函数，如通常提到的"价格之谜"（当利率上升时，可能带来通货膨胀率增加）。这种"价格之谜"在VAR模型包含更多的解释变量时就会消失，这也说明仅包含少数变量的VAR模型可能带来模型的错误设定。

将因子分析法从上百个变量中提取信息的能力与VAR模型的方法相结合，可能会十分有效，这也是Bernanke等（2005）以及Belviso和Milani（2006）论文中所做的工作。

FAVAR模型通过加入其他的解释变量到式（5-4）中对应的动态因子模型的M个方程中对其进行修正：

$$y_{it} = \lambda_{0i} + \lambda_i f_t + \gamma_i r_t + \varepsilon_{it} \tag{5-5}$$

其中，r_t 是观测变量组成的 $k_r \times 1$ 的向量。例如，Bernanke等（2005）将 r_t 设定为联邦基金利率（一种货币政策工具）。因此，$k_r = 1$，其他的关于测量方程的假定和动态因子模型一致。

FAVAR模型对于因子 f_t 对应的状态方程进行拓展，使得 r_t 具有VAR模型的形式。特别地，状态方程可以变成：

$$\begin{pmatrix} f_t \\ r_t \end{pmatrix} = \tilde{\Phi}_1 \begin{pmatrix} f_{t-1} \\ r_{t-1} \end{pmatrix} + \ldots + \tilde{\Phi}_p \begin{pmatrix} f_{t-p} \\ r_{t-p} \end{pmatrix} + \tilde{\varepsilon}_t^f \tag{5-6}$$

其中，所有状态方程的假设都和动态因子模型一致。同时，$\tilde{\varepsilon}_t^f$ 是独立同分布的正态分布 $N\left(0, \tilde{\Sigma}^f\right)$。

我们不会讨论FAVAR模型中进行贝叶斯推断的MCMC算法，因为它与动态因子模型的MCMC算法非常类似。[①]式（5-5）和式（5-6）都是线性状态空间模型，因此第3章描述的正态线性状态空间模型中的抽样方法可以应用于这里来抽取潜在的因子（在给定其他所有模型参数的条件下）。在给定这些因子的条件下，测量方程仅仅只是正态线性回归模型，可以进行标准的贝叶斯推断。最后，在给定这些因子的条件下，式（5-6）是一个VAR模型，而其贝叶斯方法已经在本书进行了讨论。

---

① Bernanke等(2005)的工作论文附录中提供了完整细节,也可以参考本书官网上的Matlab手册。

5.3.1 FAVAR模型中的脉冲响应分析

在FAVAR模型中，y_t 中所有变量对于与 r_t 有关冲击的脉冲响应函数可以使用标准的方法进行计算。例如，如果 r_t 是利率，因此它方程中的误差项就是货币政策冲击，y_t 中任何变量对于货币政策冲击的反应函数就可以通过VAR模型中类似的方法进行计算。为了说明，注意，FAVAR模型可以写成：

$$\begin{pmatrix} y_t \\ r_t \end{pmatrix} = \begin{bmatrix} \lambda & \gamma \\ 0 & 1 \end{bmatrix} \begin{pmatrix} f_t \\ r_t \end{pmatrix} + \tilde{\varepsilon}_t$$

$$\begin{pmatrix} f_t \\ r_t \end{pmatrix} = \tilde{\Phi}_1 \begin{pmatrix} f_{t-1} \\ r_{t-1} \end{pmatrix} + ... + \tilde{\Phi}_p \begin{pmatrix} f_{t-p} \\ r_{t-p} \end{pmatrix} + \tilde{\varepsilon}_t^f$$

其中，$\tilde{\varepsilon}_t = \left(\varepsilon'_t, 0 \right)'$ 且 γ 是包含 γ_i 的 $M \times k_\gamma$ 的矩阵。关于动态因子模型，为了记号的简便，我们压缩了截距项，并且假定 $\tilde{\varepsilon}_t$ 没有序列相关，考虑序列相关的设定也是非常直接的。

如果我们将第 2 个方程写成 VMA 的形式 $\begin{pmatrix} f_t \\ r_t \end{pmatrix} = \tilde{\Phi}(L)^{-1} \tilde{\varepsilon}_t^f$（其中，$\tilde{\Phi}(L) = I - \tilde{\Phi}_1 L - ... - \tilde{\Phi}_1 L^p$），并将其代入第一个方程，我们可以得到：

$$\begin{pmatrix} y_t \\ r_t \end{pmatrix} = \begin{bmatrix} \lambda & \gamma \\ 0 & 1 \end{bmatrix} \tilde{\Phi}(L)^{-1} \tilde{\varepsilon}_t^f + \tilde{\varepsilon}_t$$

$$= \tilde{B}(L) \eta_t$$

因此，我们具有VMA的表述，从而可以进行脉冲响应分析，但是要考虑到 η_t 的最后面 k_γ 个分量与 r_t 的方程相关。与动态因子模型不同的是，这种VMA形式的误差项纯粹是VAR模型中与 r_t 有关的误差项。这是因为注意到 $\tilde{\varepsilon}_t$ 最后面的 k_γ 个分量是 0，因此 η_t 相应的分量仅仅反映与 $\tilde{\varepsilon}_t^f$ 相关的分量，这些分量是 r_t 作为因变量方程的误差项。与动态因子模型不同，他们并没有把状态变量的误差项和测量方程的误差项混合起来。例如，如果 r_t 是利率，结构性识别通过假定 C_0 为下三角矩阵来实现，那么利率方程的结构性冲击就真真正正地与利率的变化成比例，这样的货币政策冲击的脉冲响应函数便具有经济意义的解释。

记住，正如很多其他的因子模型，我们要求识别约束条件（例如主成分分析法隐含的识别假定是因子都是正交的，但是其他约束也是可以的）。为了进行结构脉冲响应函数分析，往往还需要额外的识别约束条件（C_0 为下三角矩阵）。同时需要注意的是，C_0 为下三角矩阵实际上是时间约束，在使用时需要特别谨慎。例如，Bernanke 等（2005）将 y_t 中的分量区分成慢速变量（这些变量对于货币政策的冲击反应比较缓慢）与快速变量作为他们的识别条件。

5.4　TVP-FAVAR 模型

在本书，我们以贝叶斯 VAR 建模为出发点，随后发现让 VAR 模型的系数随着时间改变可能更加合理，进而我们开始讨论 TVP-VAR 模型。接下来，我们发现在实证中允许多元随机波动率的存在往往十分重要。这里我们采用相同的步骤，从 FAVAR 模型过渡到 TVP-FAVAR 模型。关于 TVP-FAVAR 模型有许多设定方式，例如，Del Negro 和 Otrok（2008）、Korobilis（2009a）。然而，正如 TVP-VAR 模型，值得强调的是 TVP-FAVAR 模型可能会有超参数问题，因此为了得到合理的结果，先验信息的加入或者约束条件的施加（例如，仅让一部分参数随时间而改变）变得很重要。使用 MCMC 方法估计完全没有任何约束的 TVP-FAVAR 模型可能会十分困难，因为它们包含了非常多的状态方程（一部分是关于因子变量的，一部分则是关于参数运动方程的）。

一种非常普遍的 TVP-FAVAR 模型的设定方式由 Korobilis（2009a）[①]给出，将式（5-5）用式（5-6）进行替换：

---

　① Korobilis(2009a)的模型事实上是这里模型的一个小拓展，因为它包含了本书 4.1.3 节提出的动态混合结构。

$$y_{it} = \lambda_{0it} + \lambda_{it} f_t + \gamma_{it} r_t + \varepsilon_{it} \tag{5-7}$$

且

$$\begin{pmatrix} f_t \\ r_t \end{pmatrix} = \tilde{\Phi}_{1t} \begin{pmatrix} f_{t-1} \\ r_{t-1} \end{pmatrix} + \cdots + \tilde{\Phi}_{pt} \begin{pmatrix} f_{t-p} \\ r_{t-p} \end{pmatrix} + \tilde{\varepsilon}_t^f \tag{5-8}$$

假定 ε_{it} 服从一个单变量的随机波动率过程，$\mathrm{var}(\tilde{\varepsilon}_t^f) = \tilde{\Sigma}_t^f$ 遵循 Primiceri（2005）所设定的多元随机波动率过程。最后，系数 λ_{0it}，λ_{it}，γ_{it}，$\tilde{\Phi}_{1t}$，$\tilde{\Phi}_{pt}$ 服从随机游走过程（式（4-1）状态方程具有相同形式）。

我们这里不再描述这个模型的 MCMC 算法，值得注意的是它仅仅只是在 FA-VAR 模型的 MCMC 算法基础上增加了更多的模块，这些模块和本书前面所讨论的在形式上基本一样。例如，测量方程中的误差项需要利用 3.3.1 节中的单变量随机波动率的算法进行抽样。3.3.2 节中描述的算法可以用于抽取 $\tilde{\Sigma}_t^f$。相关的系数 λ_{0it}，λ_{it}，γ_{it}，$\tilde{\Phi}_{1t}$，$\tilde{\Phi}_{pt}$ 都是利用 3.2 节中的算法进行抽样，这与 TVP-VAR 模型中的方法十分类似。总而言之，在实证宏观经济学中有这么多模型，TVP-FAVAR 模型中的贝叶斯推断通过 MCMC 算法将各种简单熟悉模型中的算法都汇总起来了。

5.5 因子模型的实证示例

为了展示 FAVAR 模型和 TVP-FAVAR 模型中的贝叶斯推断，我们采用了美国 1959 年 Q1 到 2006 年 Q3 年间的 115 个季度宏观经济变量。采用与大部分文献一致的处理方法，我们首先将每个变量转换成平稳形式。为了简洁起见，我们这里没有列出这些变量以及平稳性转换的方法。这些细节在本书官网上面的手册里有提供。

FAVAR 模型由式（5-5）和式（5-6）给出。它要求选择一些变量放在 r_t 中，我们将采用与前面 VAR 模型和 TVP-VAR 模型实证示例中相同的变量：通货膨胀率、失业率和利率。所以，我们的 FAVAR 模型和前面实证示例中的变量的 VAR 模型基本类似，同时又增加了一些从大量宏观和金融变量中提取出来的因子变量。

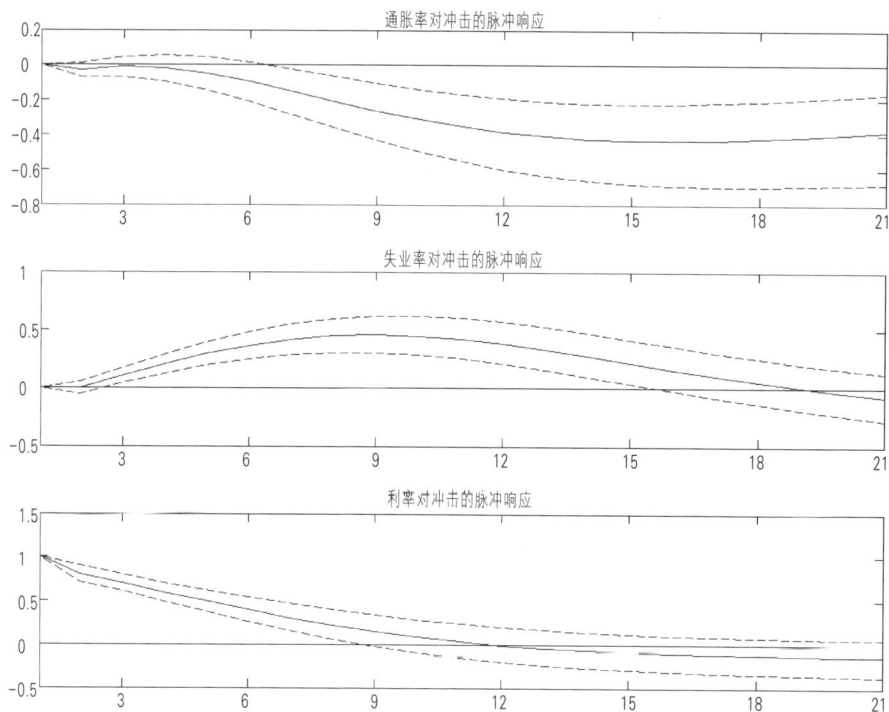

通胀率对冲击的脉冲响应

失业率对冲击的脉冲响应

利率对冲击的脉冲响应

图 5-1　主要变量对于货币政策冲击的脉冲响应函数的后验

我们利用主成分分析法来提取 FAVAR 模型（q=2）中使用的两个因子，并且因子变量运动方程滞后阶数为 2 阶（p=2）[①]。这里主成分分析法的使用保证了模型的识别条件，因为它使得所有的因子得以标准化，且均值为 0，

[①]　这些选择仅仅只是示例性的。在大量的实证研究中，我们应该谨慎地选择这些参数（例如，采用本书前面所讨论的模型选择方法）。

方差为 1。对于 FAVAR 模型，我们需要对于参数 $\Sigma^f, \Phi_1, ..., \Phi_p, \lambda_{0i}, \lambda_i, \sigma_i^2$，$i = 1, ..., M$ 设定先验分布。本书官网上的手册提供了所有这方面的细节。

为了进行脉冲响应分析，我们也需要额外的识别假设。关于 r_t 的方程，我们采用之前实证范例中相同的识别假设，这也使得我们能够识别货币政策冲击。关于 y_t 中的变量，要注意的是我们采用的假设与 Bernanke 等（2005）一样。他们识别条件的基本思想在前面 5.2.3 节有描述。

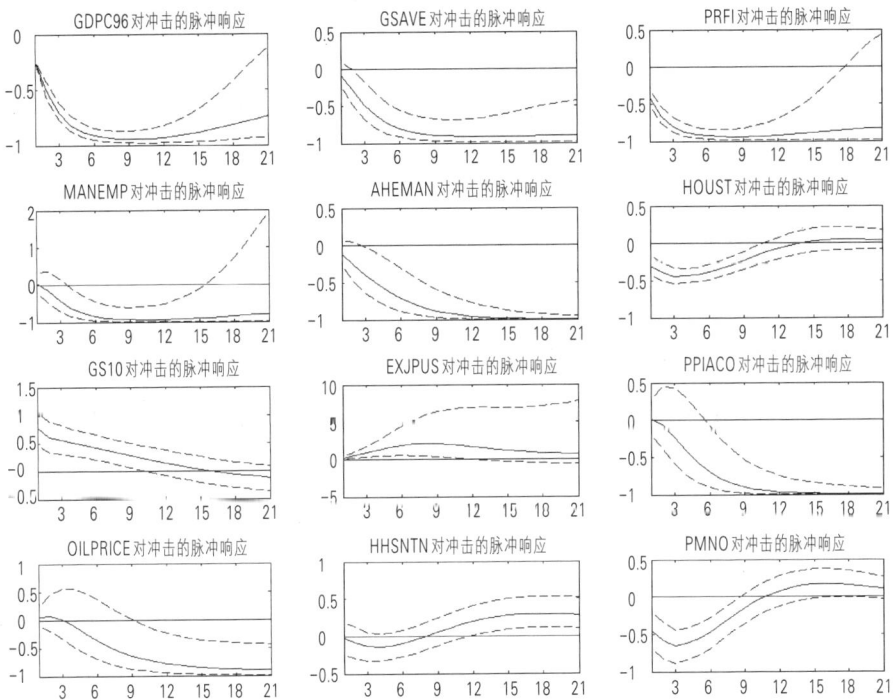

图 5-2　选择性变量对于货币政策冲击的脉冲响应函数的后验

图 5-1 和 5-2 描述了 FAVAR 模型的脉冲响应函数图，图 5-1 画出了 r_t 中包含的主要变量的脉冲响应，图 5-1 中的图形与我们 VAR 模型实证范例中得到的

图形形状非常类似（比较图5-1和图4-1）。然而，脉冲响应函数的大小却有所不同。在这里，我们找到了更多的证据表明货币政策正向冲击会降低通货膨胀率。图5-2中的第七幅图描述了一系列随机选择的变量对于货币政策冲击的脉冲响应函数。[①]

接下来我们展示式（5-7）和式（5-8）所定义的TVP-FAVAR模型的结果。但是施加的约束条件是模型测量方程中的参数是不随时间而改变的。[②]相关先验分布的选取在本书网站上的附录手册中给出。

图5-3描绘了方程误差项标准差的后验均值，其中两个方程中的因子变量是被解释变量，其他的三个方程中r_t中的变量是被解释变量。从图中可以看出，有明显的证据支持变量的波动率发生了变化（特别是第一个因子对应的方程）。图5-3底部的3张图与图4-2看起来十分类似，显示出20世纪70年代和在商业周期的"大缓和"时代之前的80年代早期经济变量波动率的急剧增加。然而，这些图形相对于图4-2来说还是有所缓和，这是因为因子变量的加入使得误差项的标准差变得更小了。

图5-4和图5-5分别画出了不同时点的脉冲响应函数，形式上与图5 1和图5-2一致。由于TVP-FAVAR模型脉冲响应函数是时变的，我们画出三个不同时期的脉冲响应函数。图5-4和图4-1（展示了与TVP-VAR模型类似的脉冲响应函数）的对比表明，二者脉冲响应函数的大致形状是基本类似的，但

---

① 关于图5-2和图5-5中相关变量的缩写和定义可以参考本书官网的附录手册。简单地说，GDPC96代表GDP、GSAVE代表储蓄、PRFI是私人住宅的固定投资、MANEMP是制造业的就业率、AHEMAN是制造业的收入、HOUST代表房屋开工率、GS10是10年期的利率、EXJPUS代表美元兑日元的汇率、PPIACO代表生产者价格指数、OILPRICE是石油价格、HHSNTN是一种消费者预期指数、PMNO是NAPM订单指数。所有的脉冲响应函数对应的都是这些变量初始未经过转化的形式。
② 我们这样做是因为如果没有额外的约束条件或者很强的先验信息，要同时估计出状态方程和测量方程系数的时变特征非常困难。

是这两幅图依然存在一些重要的差异。类似地，图5-5和图5-3的对比也显示出来很多共同点，但是在某些特殊的时点也可以找到一些重要的差异。

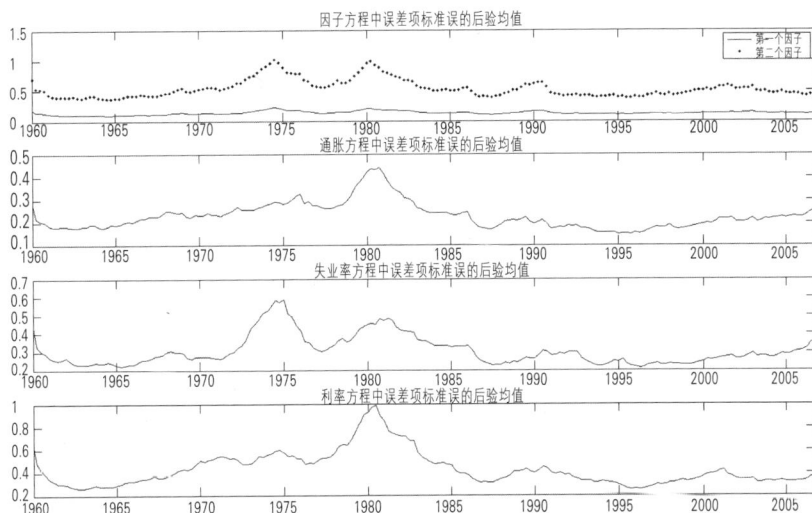

图5-3　TVP-FAVAR模型中5个关键方程中误差项的时变波动率

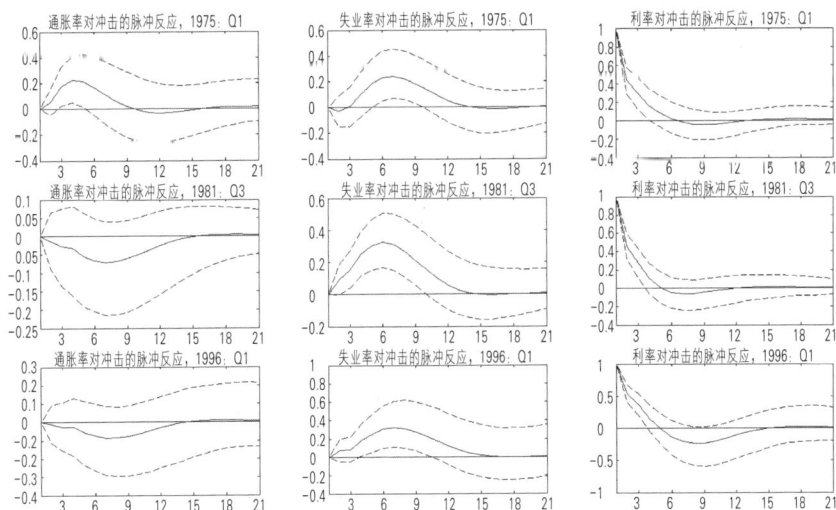

图5-4　主要变量不同时点对于货币政策冲击的脉冲响应函数的后验

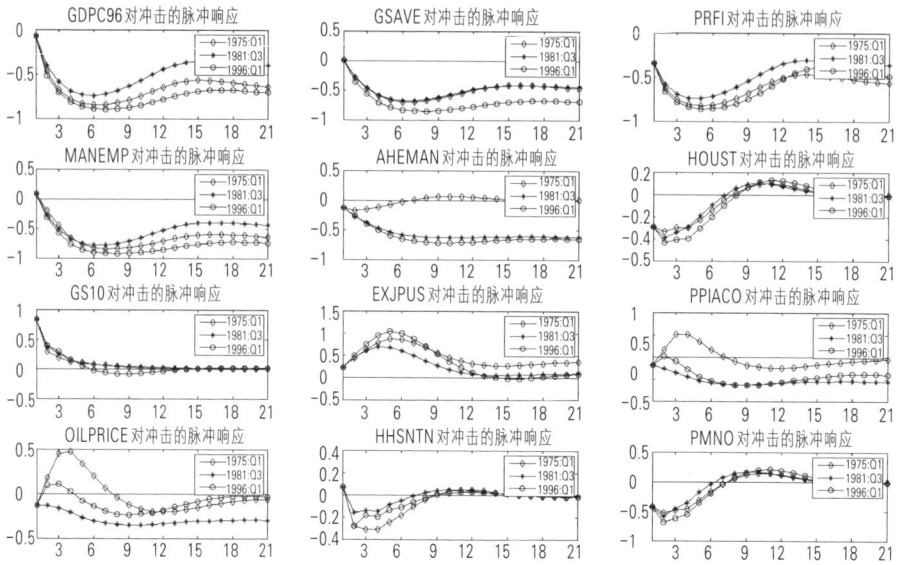

图 5-5　选择性变量不同时点对于货币政策冲击的脉冲响应函数的后验

| 第6章 |

结　论

在本书，我们讨论了 VAR 模型、TVP-VAR 模型、FAVAR 模型、TVP-FAVAR 模型以及其中一些模型中加入多元随机波动率的版本。这些模型在实证宏观经济学中非常普遍，因为它们能够允许数据以一种相对不受约束的方式来阐述宏观经济变量之间的关系。然而，使用这些不受约束模型的成本就是过度参数化所带来的风险。因此，实证研究者发现对这些模型施加一定的软约束或者硬约束往往是合意的。软约束通常包括将系数缩减到一个特定的值（通常为 0），而硬约束则要求施加一些明确的约束条件。贝叶斯方法被认为是处理这些约束的一种有吸引力并且逻辑上一致的方法。

我们已经用多种方法展示了贝叶斯推断在这些模型中是如何实施的，重点强调了一些实证研究者比较感兴趣的设定。除了最简单的 VAR 模型，MCMC 算法是必备的。这本书不同程度地介绍了这些 MCMC 算法。我们建议读者关注本书网站上的 Matlab 代码，涵盖了本书介绍的绝大部分模型。网站上的手册提供了 MCMC 算法完整的操作步骤。总之，我们的目的是为那些对于在实证宏观经济学中经常用到的一系列模型感兴趣的研究者们提供一整套贝叶斯工具。

简　介

　　本附录与本书中的实证 VAR 模型和相关的 Matlab 代码配套。最终目的是以理论与易操作的计算机程序相结合的方式将研究者、学生和应用经济学家引入到贝叶斯时间序列建模的世界里。因此，我们尽可能地将代码与理论模型紧密结合，以使用户更轻松地理解它们之间的联系和他们正在估计的模型。这意味着在某些情况下，为了保证代码的清晰度，这些代码可能不如在实践中那样具有计算效率。我们尽量避免使用易产生混淆的结构数组，因此我们只将变量表示为向量或矩阵（唯一例外是 SSVS 模型，我们使用了 Matlab 中的单元数组功能）。

　　文件 BAYES_VARS.zip 中的目录是：

BVAR_Analytical	采用具有解析结果的 VAR 模型
BVAR_GIBBS	采用吉布斯采样的 VAR 模型
BVAR_FULL	复制实证示例 1 的程序。灵活使用 6 种不同的先验进行模拟来获取后验参数
SSVS	仿照 George、Sun 和 Ni（2008）使用 SSVS 混合先验的 VAR 模型

VAR_Selection 仿照 Korobilis（2009b）在 VAR 模型中进行变量
选择

TVP_VAR_CK 使用与 Carter 和 Kohn（1994）、Primiceri（2005）
一样的滤波器的 TVP-VAR 模型

TVP_VAR_DK 使用 Durbin 和 Koopman（2002）中的滤波器的
TVP-VAR 模型

TVP_VAR_GCK Koop，Leon-Gonzales 和 Strachan（2009）中的混
合信息 TVP-VAR 模型

Hierarchical TVP_VAR Chib 和 Greenberg（1995）中的分层 TVP-VAR
模型

Factor_Models 静态和动态因子模型估计

　　FAVAR Bernanke、Boivin 和 Eliasz（2005）中的 FAVAR
模型

TVP_FAVAR Korobilis（2009a）中的 TVP-FAVAR 模型

GAUSS2MATLAB 一些有用的将 GAUSS 程序转录为 Matlab 程序的
示例

VAR 模型

B.1　VAR 模型的解析结果

一个简单的简约式 VAR 模型可以写成：

$$Y_t = X_t A + \varepsilon_t \tag{B-1}$$

且 $\varepsilon_t \sim N(0, \Sigma)$。

正如我们在前面章节所展示的，这个模型又可以写成以下形式：

$$y_t = (I_M \otimes X_t)\alpha + \varepsilon_t \tag{B-2}$$

或者更紧凑的形式：

$$y_t = Z_t \alpha + \varepsilon_t \tag{B-3}$$

其中，$\alpha = \text{vec}(A)$。

从现在起展示的计算过程中，我们需要 α，A 和 Σ 的 OLS 估计量。紧接着，我们利用记号 $X = (X_1, ..., X_T)$，定义：

$$\hat{\alpha} = \left(\sum Z'_t Z_t\right)^{-1}\left(\sum Z'_t y_t\right) \tag{B-4}$$

这是 α 的 OLS 估计量。

$$\hat{A} = \left(X^{'} X \right)^{-1} \left(X^{'} Y \right) \tag{B-5}$$

这是 A 的 OLS 估计量。

$$\hat{S} = \left(Y - X\hat{A} \right)^{'} \left(Y - X\hat{A} \right) \tag{B-6}$$

这是 VAR 模型的残差平方和且

$$\hat{\Sigma} = \hat{S} / \left(T - K \right) \tag{B-7}$$

这是 Σ 的 OLS 估计量。

代码 BVAR_ANALYT.m（在文件夹 BVAR_Analytical 可以找到），利用这些解析公式，给出了参数以及预测变量的后验均值和方差。

代码 BVAR_FULL.m（在文件夹 BVAR_FULL 可以找到），将之前所讨论的先验分布结合起来估计了贝叶斯 VAR 模型，并且提供了预测和脉冲响应（请对照本书实证运用的第一个例子）。

B.1.1 扩散先验分布

扩散（或者 Jeffreys 的）先验分布对于 α 和 Σ 设定如下形式：

$$p \left(\alpha, \Sigma \right) \propto \left| \Sigma \right|^{-(M+1)/2}$$

在这种先验分布形式下，条件后验分布很容易得到，可以证明它们具有以下形式：

$$\alpha \mid \Sigma, y \sim N \left(\hat{\alpha}, \Sigma \right)$$

$$\Sigma \mid y \sim IW \left(\hat{S}, T - K \right)$$

B.1.2 自然共轭先验分布

自然共轭先验分布具有以下形式：

$$\alpha \mid \Sigma \sim N \left(\underline{\alpha}, \Sigma \otimes \underline{V} \right)$$

且

$$\Sigma \sim W \left(\underline{v}, \underline{S}^{-1} \right)$$

α的后验分布是：

$$\alpha \,|\, \Sigma, y \sim N\left(\bar{\alpha}, \Sigma \otimes \bar{V}\right)$$

其中，$\bar{V} = \left(\underline{V}^{-1} + X'X\right)^{-1}$ 且 $\bar{\alpha} = \mathrm{vec}\left(\bar{A}\right)$ 而 $\bar{A} = \bar{V}\left(\underline{V}^{-1}\underline{A} + X'X\hat{A}\right)$。

Σ的后验分布为：

$$\Sigma^{-1} \,|\, y \sim W\left(\bar{v}, \bar{S}^{-1}\right)$$

其中，$\bar{v} = T + \underline{v}$ 且 $\bar{S} = S + \underline{S} + \widehat{A'}X'X\hat{A} + \underline{A'}\,\underline{V}^{-1}\underline{A} - \bar{A'}\left(\underline{V}^{-1} + X'X\right)\bar{A}$。

B.1.3　明尼苏达先验分布

明尼苏达先验分布主要涉及约束 α 中的超参数。本书描述了基于数据施加的约束。α 的先验分布依然是正态分布，并且后验分布与自然共轭先验分布的情形非常类似，Σ 在这里被假定为已知（例如等于 $\hat{\Sigma}$）。

B.2　利用吉布斯采样估计 VAR 模型

B.2.1　独立正态–威沙特先验–后验算法

我们将 VAR 模型写成：

$$y_t = Z_t\alpha + \varepsilon_t$$

其中，$Z_t = I_M \otimes X_t$ 且 ε_t 服从正态分布 $N\left(0, \Sigma\right)$。

不难看出受约束 VAR 模型可以看作误差协方差矩阵具有特殊形式的线性正态回归模型。这个模型最一般的先验分布形式（没有包含自然共轭先验分布的内在的约束）就是独立正态–威沙特先验分布：

$$p\left(\beta, \Sigma^{-1}\right) = p\left(\beta\right)p\left(\Sigma^{-1}\right)$$

其中，

$$\beta \sim N\left(\underline{\beta}, \underline{V}_\beta\right) \tag{B-8}$$

且

$$\Sigma^{-1} \sim W\left(\underline{v}, \underline{S}^{-1}\right) \tag{B-9}$$

注意这种先验分布允许协方差矩阵的先验分布 $\underline{V}_\beta$ 可以被设定为研究者选择的任何形式，而不仅仅是自然共轭先验分布中的限制性形式 $\Sigma \otimes \underline{V}$。例如，研究者这里也可以选择与明尼苏达先验分布相同的先验分布，但是需要考虑到不同方程中的不同缩减形式。

这里的条件后验分布是：

$\beta = \mathrm{vec}(B)$ 的后验分布是：

$$\beta \mid y, \Sigma^{-1} \sim N\left(\bar{\beta}, \bar{V}_\beta\right) \tag{B-10}$$

其中，$\bar{\beta} = \bar{V}_\beta\left(\underline{V}_\beta^{-1}\underline{\beta} + \sum_{t=1}^{T} Z'_t \Sigma^{-1} y_t\right)$ 且 $\bar{V}_\beta = \left(\underline{V}_\beta^{-1} + \sum_{t=1}^{T} Z'_t \Sigma^{-1} Z_t\right)^{-1}$。

Σ 的后验分布为：

$$\Sigma^{-1} \mid y, \beta \sim W\left(\bar{v}, \bar{S}^{-1}\right) \tag{B-11}$$

其中，$\bar{v} = T + \underline{v}$ 且 $\bar{S} = \underline{S} + \sum_{t=1}^{T}\left(y_t - Z_t\beta\right)\left(y_t - Z_t\beta\right)'$。

在给定模型参数的条件下，一步向前预测密度是：

$$y_t \mid Z_t, \beta, \Sigma \sim N\left(Z_t\beta, \Sigma\right)$$

正如我们在本书提到的，为了计算得到合理的预测值，Z_t 应该含有因变量的滞后项和在时期 $t-h$ 期能观察到的外生变量，h 是预测期。这个结果结合吉布斯采样就可以产生 $\beta^{(r)}$，$\Sigma^{(r)}$ 的抽样值（$r = 1, \cdots, R$），从而进行预测推断。[①]例如，预测均值（一种通常的点预测）可从下面公式得到：

$$E\left(y_\tau \mid Z_\tau\right) = \frac{\sum_{r=1}^{R} Z_t\beta^{(r)}}{R}$$

其他的预测矩阵可以用相似的方法计算得到。在每一次吉布斯采样抽取

---

① 通常，一些初期抽样作为"燃烧期"会被丢弃。因此，$r = 1, \cdots, R$ 应该从燃烧期后算起。

完成时也可以进行预测模拟，但这对计算量要求很高。对于预测长度超过1时，一般不采用这种方法。这里关于VAR模型中预测的技术对于接下来讨论的任何先验分布或拓展模型也适用。

代码BVAR_GIBBS.m（在文件夹BVAR_Gibbs中可以找到）估计了该模型，但也允许将β的先验均值和方差（即超参数$\left(\underline{\beta},\underline{V}_\beta\right)$）设定为明尼苏达先验分布的形式。

B.2.2　VAR模型中的随机搜寻变量选择方法（SSVS）

在VAR模型中，

$$Y_t = X_t A + \varepsilon_t \tag{B-12}$$

我们可以引入SSVS先验分布（George和McCullogh，1993），它具有以下分层先验分布的形式：

$$\alpha \sim N(0, D) \tag{B-13}$$

其中，$\alpha = \text{vec}(A) = (\alpha_1, \ldots, \alpha_{KM})$ 且 D 是一个对角矩阵。如果我们将对角元素的第 j 个元素记为 D_{jj}，则这种先验分布意味着其存在一种依赖于超参数 $\gamma = (\gamma_1, \ldots, \gamma_{KM})$ 的形式：

$$D_{jj} = \begin{cases} \kappa_{0j}^2, & \text{如果} \gamma_j = 0 \\ \kappa_{1j}^2, & \text{如果} \gamma_j = 1 \end{cases} \tag{B-14}$$

其中，我们在此先验分布中设定超参数 $\kappa_{0j}^2 \to 0$ 且 $\kappa_{1j}^2 \to \infty$，这种先验分布意味着当 $\gamma_j = 0$ 时，α 的第 j 个分量 α_j 的先验方差将等于 κ_{0j}^2，它的数值非常小，因为 $\kappa_{0j}^2 \to 0$。因此，在这种情形下 α 的第 j 个分量将会受到约束以向先验均值0附近进行缩减。在另一种情形下，$\gamma_j = 1$，参数将不受约束且后验分布主要由似然函数决定。式（B-13）中的SSVS先验分布可以写成正态分布混合的形式，而这可以更清楚地看出每一个 γ_j 对于 α_j 先验分布的影响：

$$\alpha_j | \gamma_j \sim (1-\gamma_j) N(0, \kappa_{0j}^2) + \gamma_j N(0, \kappa_{1j}^2)$$

决定 γ_j 的值是 0 还是 1（从而决定 α_j 是否受到约束）并不是由研究者自己选择的，在明尼苏达先验分布的情形下，我们只是选择了因变量自身滞后项和截距项的先验取值（而采取部分基于数据的方法来约束方程右边所有其他变量的先验分布），这里 γ_j 的取值应该完全基于数据来确定。因此，γ 也必须被赋予先验分布。在贝叶斯方法中，二元取值变量最容易计算的先验分布就是贝努利分布。同时值得注意的是，如果我们假定 γ 的分量是相互独立的，从而可以独立地对每一个 γ_j 进行抽样。因此，γ 的先验分布具有以下形式：

$$\gamma_j | \gamma_{\backslash -j} \sim Bernoulli\left(1, \underline{q}_j\right)$$

这种先验分布也可以写成这种形式：$\Pr(\gamma_j = 1) = \underline{q}_j$ 且 $\Pr(\gamma_j = 0) = 1 - \underline{q}_j$。通常超参数 $\underline{q}_j$ 的一种相对"无信息"的取值为 0.5，关于这个问题读者可以查询 Chipman 等（2001）与 George 和 McCullogh（1997）。

最后，对于 Σ，我们假定具有标准的威沙特分布：

$$\Sigma^{-1} \sim W\left(\underline{v}, \underline{S}^{-1}\right)$$

George，Sun 和 Ni（2008）提供了对于 Σ 中的元素进行约束条件搜索（SSVS 先验分布）的具体细节。我们这里不讨论实施这种算法的 Matlab 代码，读者可以参考 George，Sun 和 Ni（2008）的论文。

条件后验分布是：

1. 从下面的分布中抽取 α：

$$\alpha | y, \gamma, \Sigma \sim N\left(\bar{\alpha}_\alpha, \bar{V}_\alpha\right)$$

其中，$\bar{V}_\alpha = \left[\Sigma^{-1} \otimes (X'X) + (DD)^{-1}\right]^{-1}$ 且 $\bar{\alpha}_\alpha = \bar{V}_\alpha \left[(\Psi\Psi') \otimes (X'X)\hat{\alpha}\right]^{-1}$。而 $\hat{\alpha}$ 是 α 的 OLS 估计量。

2.从下面的分布中抽取 γ_j：

$$\gamma_j \mid \gamma_{\backslash -j}, b, y, Z \sim Bernoulli\left(1, \underline{q}_j\right) \qquad (B-15)$$

其中，

$$\bar{q}_j = \cfrac{\cfrac{1}{\kappa_{1j}}\exp\left(-\cfrac{\alpha_j^2}{2\kappa_{1j}^2}\right)\underline{q}_j}{\cfrac{1}{\kappa_{1j}}\exp\left(-\cfrac{\alpha_j^2}{2\kappa_{1j}^2}\right)\underline{q}_j + \cfrac{1}{\kappa_{0j}}\exp\left(-\cfrac{\alpha_j^2}{2\kappa_{0j}^2}\right)\left(1 - \underline{q}_j\right)}$$

3.从下面的分布中抽取 Σ^{-1}：

$$\Sigma^{-1} \sim Wishart\left(\bar{\nu}, \bar{S}\right)$$

其中， $\bar{\nu} = T + \underline{\nu}$ 且

$$\bar{S} = \left(\underline{S}^{-1} + \sum_{t=1}^{T}\left(Y_t - Z_t\theta\right)\left(Y_t - Z_t\theta\right)'\right)^{-1}$$

代码 SSVS_VAR.m 和 SSVS_VAR_CONST.m（在文件夹 SSVS_VAR 可以找到）估计了这个模型，第一个代码假设所有参数采用约束搜寻算法，而第二个代码假定截距项不受约束，正如 George，Sun 和 Ni（2008）的例子所示。

B.2.3 VAR 模型中的灵活变量选择

另外一种在 VAR 模型中施加变量选择的方法是当参数的示性变量等于 0 时就明确限制该参数等于 0。正如我们在本书所讨论的 VAR 模型：

$$y_t = Z_t\beta + \varepsilon_t$$

现在可以被写成：

$$y_t = Z_t\theta + \varepsilon_t$$

其中， $\theta = \Gamma\beta$ 且 $\Gamma = diag\left(\gamma\right) = diag\left(\gamma_1, \dots \gamma_{KM}\right)$。如果我们将向量 γ 的第 j 个分量记为 γ_j（也是矩阵 Γ 的第 j 个对角元素），而将向量 γ 中第 j 个分量剔除后剩下的部分记为 $\gamma_{\backslash -j}$，则这个模型的吉布斯采样具有以下形式：

先验分布：

$$\beta \sim N_{MK}\left(\underline{\beta}, \underline{V}\right) \tag{B-16}$$

$$\gamma_j \mid \gamma_{\setminus j} \sim Bernoulli\left(1, \pi\right) \tag{B-17}$$

$$\Sigma^{-1} \sim Wishart\left(\underline{v}, \underline{S}\right) \tag{B-18}$$

条件后验分布是:

1. 从下面的分布中抽取 β

$$\beta \mid \gamma, H, y, z \sim N_{MK}\left(\bar{\beta}, \bar{V}\right) \tag{B-19}$$

其中, $\bar{V} = \left[\underline{V}^{-1} + \sum_{t=1}^{T} Z_t^{*'} \Sigma^{-1} Z_t^*\right]^{-1}$, $\bar{\beta} = \bar{V}\left[\underline{V}^{-1}\underline{\beta} + \sum_{t=1}^{T} Z_t^{*'} \Sigma^{-1} Y_t\right]$ 且 $Z_t^* = Z_t \Gamma$。

2. 从下面的分布中抽取 γ_j:

$$\gamma_j \mid \gamma_{\setminus j}, b, y, Z \sim Bernoulli\left(1, \bar{\pi}_j\right) \tag{B-20}$$

更可取的是对于 j 进行随机排序, 其中 $\bar{\pi}_j = \dfrac{l_{0j}}{l_{0j} + l_{1j}}$ 且

$$l_{0j} = \exp\left(-\frac{1}{2} tr\left(\sum_{t=1}^{T}\left(Y_t - Z_t\theta^*\right)'\Sigma^{-1}\left(Y_t - Z_t\theta^*\right)\right)\right)\pi_{0j}$$

$$l_{1j} = \exp\left(-\frac{1}{2} tr\left(\sum_{t=1}^{T}\left(Y_t - Z_t\theta^{**}\right)'\Sigma^{-1}\left(Y_t - Z_t\theta^{**}\right)\right)\right)\left(1 \quad \pi_{0j}\right)$$

这里我们将 θ^* 设定等于 θ 但是第 j 个分量 $\theta_j = \beta_j$ (即当 $\gamma_j = 1$ 时)。类似地, 我们将 θ^{**} 设定等于 θ 但是第 j 个分量 $\theta_j = 0$ (即当 $\gamma_j = 0$ 时)。

3. 从下面的分布中抽取 Σ^{-1}:

$$\Sigma^{-1} \sim Wishart\left(\bar{v}, \bar{S}\right)$$

其中, $\bar{v} = T + \underline{v}$ 且

$$\bar{S} = \left(\underline{S}^{-1} + \sum_{t=1}^{T}\left(Y_t - Z_t\theta\right)\left(Y_t - Z_t\theta\right)'\right)^{-1}$$

代码 VAR_SELECTION.m (在文件夹 VAR_Selection 可以找到) 对该模型进行了估计。

时变系数的 VAR 模型

C.1 同方差 VAR 模型

最基本的 TVP-VAR 模型可以写成:

$$y_t = Z_t \beta_t + \varepsilon_t \tag{C-1}$$

且

$$\beta_{t+1} = \beta_t + u_t \tag{C-2}$$

其中,ε_t 服从 i.i.d. 的正态分布 $N(0, \Sigma)$,且 u_t 服从 i.i.d. 的正态分布 $N(0, Q)$,对于所有的 t, s,ε_t 和 u_t 是相互独立的。

在这个模型中,采用如下形式的先验分布:

$$\beta_0 \sim N(\underline{\beta}, \underline{V})$$

$$\Sigma^{-1} \sim W(\underline{v}, \underline{S}^{-1})$$

$$Q \sim W(\underline{v}_Q, \underline{S}_Q^{-1})$$

我们利用卡尔曼滤波和平滑(更多的细节参见本书)对 β_t 进行抽样(给定 Σ 和 Q 的条件下),然后从威沙特分布中对 Σ 进行抽样:

$$\Sigma^{-1} \mid \beta_t, Q, y \sim W(\bar{v}, \bar{S}^{-1}) \tag{C-3}$$

其中，$\bar{v} = T + \underline{v}$ 且 $\bar{S} = \underline{S} + \sum_{t=1}^{T} (y_t - Z_t \beta_t)(y_t - Z_t \beta_t)'$。

最后，我们从威沙特分布中对 Q 进行抽样：

$$Q^{-1} \,|\, \beta_t, \Sigma, y \sim W(\bar{v}_Q, \bar{S}_Q^{-1}) \tag{C-4}$$

其中，$\bar{v}_Q = T + \underline{v}_Q$ 且 $\bar{S}_Q = \underline{S}_Q + \sum_{t=1}^{T} (\beta_t - \beta_{t-1})(\beta_t - \beta_{t-1})'$。

这个模型的代码有两个不同的版本。第一个版本是 Homo_TVP_VAR.m（在文件夹 TVP_VAR_CK 中可以找到），它利用 Carter 和 Kohn（1994）的算法对 TVP-VAR 模型以及脉冲响应函数进行了估计。第二个版本是 Homo_TVP_VAR_DK.m（在文件夹 TVP_VAR_DK 中可以找到）利用 Durbin 和 Koopman（2002）的算法对模型以及脉冲响应函数进行了估计。

C.1.1 同方差 TVP-VAR 模型中的变量选择

进行变量选择需要将 TVP-VAR 模型重新写成：

$$y_t = Z_t \theta_t + \varepsilon_t$$

$$\beta_{t+1} = \beta_t + u_t$$

现在 $\theta_t = \Gamma \beta_t$，且 Γ 是刈角矩阵（也可以参见简单 VAR 模型中的变量选择。其中，β_t 是常数）。

时变系数 β_t 和协方差 Σ 的生成方式都与同方差 TVP VAR 模型相同，在本书前面章节已经介绍了，但是给定方程右边的变量 $Z_t^* = Z_t \Gamma$，TVP-VAR 模型标准吉布斯采样算法中需要额外增加的一步是关于示性变量 γ_j 的抽样，正如在式（B-20）中所指出的，更可取的应该是对于 j 进行随机排序。在这种情形下，仅仅需要修改的是概率密度 $p(y \,|\, \theta_j, \gamma_{\backslash -j}, \gamma_j = 1)$ 和 $p(y \,|\, \theta_j, \gamma_{\backslash -j}, \gamma_j = 0)$，其应该是从 TVP-VAR 模型的全样本似然函数中得到的。因此，l_{0j} 和 l_{1j} 可以写成：

$$l_{0j} = \pi_{0j} \exp\left(-\frac{1}{2} tr\left(\sum_{t=1}^{T}\left(Y_t - Z_t\theta^*\right)'\Sigma^{-1}\left(Y_t - Z_t\theta^*\right)\right)\right)\pi_{0j}$$

$$l_{1j} = (1 - \pi_{0j}) \exp\left(-\frac{1}{2} tr\left(\sum_{t=1}^{T}\left(Y_t - Z_t\theta^{**}\right)'\Sigma^{-1}\left(Y_t - Z_t\theta^{**}\right)\right)\right)(1 - \pi_{0j})$$

代码 TVP_VAR_SELECTION.m（在文件夹 VAR_Selection 可以找到）对该模型进行了估计。

C.2 分层 TVP-VAR 模型

基于 Chib 和 Greenberg（1995）的模型，分层 TVP-VAR 模型可以写成：

$$y_t = Z_t\beta_t + \varepsilon_t$$
$$\beta_{t+1} = A_0\theta_{t+1} + u_t \qquad\qquad (\text{C-5})$$
$$\theta_{t+1} = \theta_t + \eta_t$$

其中，

$$\begin{bmatrix} \varepsilon_t \\ u_t \\ \eta_t \end{bmatrix} \overset{iid}{\sim} N\left(0, \begin{bmatrix} \Sigma & 0 & 0 \\ 0 & Q & 0 \\ 0 & 0 & R \end{bmatrix}\right)$$

这个模型的先验分布是：

A_0 的先验分布是：

$$A_0 \sim N\left(\underline{A}, \underline{V}_A\right)$$

θ_t 的先验分布是：

$$\theta_0 \sim N\left(\underline{\theta}_0, \underline{V}_{\theta_0}\right)$$

Σ 的先验分布是：

$$\Sigma^{-1} \sim W\left(\underline{v}_\Sigma, \underline{S}_\Sigma^{-1}\right)$$

Q 的先验分布是：

$$Q^{-1} \sim W\left(\underline{v}_Q, \underline{S}_Q^{-1}\right)$$

R 的先验分布是：

$$R^{-1} \sim W\left(\underline{v}_R, \underline{S}_R^{-1}\right)$$

通过定义这些参数的先验分布，我们可以隐含地设定 β_t 的先验分布具有如下形式：

$$\beta_t \mid A_0, \theta_0, Q \sim N\left(\mid A_0\theta_t, Q\right), \text{ 对于 } t = 1, \ldots, T$$

条件后验分布是：

1. 从下面的分布中抽取 β_t：

$$\beta_t \mid \Sigma, A_0, \theta_t, Q, y_t \sim N\left(\bar{\beta}_t, \bar{V}\right)$$

其中，$\bar{\beta}_t = \bar{V}\left(Q^{-1}\left(A_0\theta_t\right) + Z_t\Sigma^{-1}y_t\right)$ 且 $\bar{V} = \left(Q^{-1} + Z_t'\Sigma^{-1}Z_t\right)^{-1}$。

2. 从下面的分布中抽取 A_0：

$$A_0 \mid \beta_t, \theta_t, Q \sim N\left(\bar{A}, \bar{V}_A\right)$$

其中，$\bar{A} = \bar{V}_A\left(\underline{V}_A\underline{A} + \theta'Q^{-1}\beta\right)$ 且 $\bar{V}_A = \left(\underline{V}_A + \theta'Q^{-1}\theta\right)^{-1}$。

3. 从下面的分布中抽取 Σ：

$$\Sigma^{-1} \mid A_0, \beta_t, \theta_t, Q, y_t \sim W\left(\bar{v}_\Sigma, \bar{S}_\Sigma^{-1}\right)$$

其中，$\bar{v}_\Sigma = T + \underline{v}_\Sigma$ 且 $\bar{S}_\Sigma = \left(\underline{S}_\Sigma + \sum_{t=1}^{T}\left(y_t - Z_t\beta\right)'\left(y_t - Z_t\beta\right)\right)$。

4. 从下面的分布中抽取 Q：

$$Q^{-1} \mid A_0, \beta_t, \theta_t \sim W\left(\bar{v}_Q, \bar{S}_Q^{-1}\right)$$

其中，$\bar{v}_Q = T + \underline{v}_Q$ 且 $\bar{S}_Q = \left(\underline{S}_Q + \sum_{t=1}^{T}\left(\beta_t - A_0\theta_t\right)'\left(\beta_t - A_0\theta_t\right)\right)$。

5. 从下面的分布中抽取 R：

$$R^{-1} \mid \theta_t \sim W\left(\bar{v}_R, \bar{S}_R^{-1}\right)$$

其中，$\bar{v}_R = T + \underline{v}_R$ 且 $\bar{S}_R = \left(\underline{S}_R + \sum_{t=1}^{T}\left(\theta_t - \theta_{t-1}\right)'\left(\theta_t - \theta_{t-1}\right)\right)$。

6.利用Carter和Kohn（1994）对θ_t进行抽样。

代码 HierarchicalTVP_VAR.m（在文件夹 HierarchicalTVP_VAR 中可以找到）对该模型进行了估计。

C.3　异方差TVP-VAR模型

异方差TVP-VAR模型具有如下形式：

$$y_t = Z_t \beta_t + \varepsilon_t$$

其中，$\varepsilon_t \sim N\left(0, \Sigma_t\right)$且$\Sigma_t = L^{-1} D_t D_t L^{-1\prime}$，$D_t$是对角矩阵且其对角元素$d_{it} = \exp\left(\frac{1}{2} h_{it}\right)$是误差项的时变标准差。$L$是具有时变协方差的下三角矩阵，且对角元素都是1。例如，当$M = 3$时，我们有：

$$L = \begin{bmatrix} 1 & 0 & 0 \\ L_{21} & 1 & 0 \\ L_{31} & L_{32} & 1 \end{bmatrix}$$

如果我们将L中无约束的元素按行堆积成一个$\frac{M(M-1)}{2} \times 1$的向量$l_t = \left(L_{21,t}, L_{31,t}, L_{32,t} \ldots L_{p(p-1),t}\right)'$且$h_t = \left(h_{1t}, \ldots, h_{Mt}\right)'$，然后$\beta_t, l_t, h_t$都独立地遵循随机游走过程。

$$\beta_{t+1} = \beta_t + u_t$$

$$l_{t+1} = l_t + \zeta_t$$

$$h_{t+1} = h_t + \eta_t$$

3个状态方程误差项如下所示：

$$\begin{bmatrix} u_t \\ \zeta_t \\ \eta_t \end{bmatrix} \overset{iid}{\sim} N\left(0, \begin{bmatrix} Q & 0 & 0 \\ 0 & S & 0 \\ 0 & 0 & W \end{bmatrix}\right)$$

用于估计β_t的状态空间模型方法也可以用于估计l_t, h_t。我们注意到Z_t的维数是$N \times KM$，因此每一个行向量β_t分量的数目是$n_\beta = KM$（对每一个时点

t）。类似地，l_t分量的数目是 $n_l = \dfrac{M(M-1)}{2}$，每一个行向量 h_t 分量的数目是 $n_h = M$（对每一个时点 t）。这些时变系数的先验分布（在初始时刻 $t = 0$）如下：

$$\beta_0 \sim N\left(0, 4I_{n_\beta}\right)$$

$$l_0 \sim N\left(0, 4I_{n_l}\right) \tag{C-6}$$

$$h_0 \sim N\left(0, 4I_{n_h}\right)$$

误差协方差矩阵的先验分布是：

$$Q^{-1} \sim W\left(1 + n_\beta, \left(\left(k_Q\right)^2 (1 + n_\beta) I_{n_\beta}\right)^{-1}\right)$$

$$S^{-1} \sim W\left(1 + n_l, \left(\left(k_S\right)^2 (1 + n_l) I_{n_l}\right)^{-1}\right) \tag{C-7}$$

$$Q^{-1} \sim W\left(1 + n_h, \left(\left(k_W\right)^2 (1 + n_h) I_{n_h}\right)^{-1}\right)$$

其中的超参数设定为 $k_Q = 0.01$，$k_S = 0.1$ 且 $k_W = 0.01$，I_m 是 $m \times m$ 的单位矩阵。读者同样可以在训练样本中根据常系数 VAR 模型的 OLS 估计量来设定先验分布（参见 Primiceri，2005）。

我们也可以利用训练样本来设置先验。特别地，假设 $\hat{\theta}_{ols}$ 和 $V\left(\hat{\theta}_{ols}\right)$ 分别是采用一个初始测试样本并基于常系数 VAR 模型获得的关于 $\theta = \{\beta, l, h\}$ 的 OLS 估计量的均值和方差（或者是利用无信息先验分布的贝叶斯估计量），那么先验分布可以写为：

$$\beta_0 \sim N\left(\beta_{ols}, 4V\left(\beta_{ols}\right)\right)$$

$$l_0 \sim N\left(l_{ols}, 4V\left(l_{ols}\right)\right) \tag{C-8}$$

$$h_0 \sim N\left(h_{ols}, 4V\left(h_{ols}\right)\right)$$

$$Q^{-1} \sim W\left(1 + n_\beta, \left(\left(k_Q\right)^2 (1 + n_\beta) V\left(\beta_{ols}\right)\right)^{-1}\right)$$

$$S^{-1} \sim W\left(1 + n_l, \left((k_S)^2 (1 + n_l) V(l_{ols})\right)^{-1}\right) \tag{C-9}$$

$$W^{-1} \sim W\left(1 + n_h, \left((k_W)^2 (1 + n_h) V(h_{:ols})\right)^{-1}\right)$$

正如同方差 VAR 模型的情形，β_t 的后验分布非常容易获得。现在唯一的区别是，我们在给定 VAR 模型协方差矩阵是 Σ_t 的条件下对 β_t 进行抽样。对于 l_t 和 h_t 的抽样将分别给我们提供 L_t 和 D_t 的抽样，从而我们可以利用 $\Sigma_t = L^{-1} D_t D_t L^{-1'}$ 重新计算出 Σ_t。更多的细节读者可以参考本书以及 Primiceri（2005）的附录。

代码 Hetero_TVP_VAR.m（在文件夹 TVP_VAR_CK 中可以找到）估计了该模型的参数和脉冲响应。

因子模型

D.1　静态因子模型

静态因子模型可以写成（忽略截距项）：

$$y_t = \lambda f_t + \varepsilon_t$$

其中，y_t 是包含时间序列变量的 $M \times 1$ 的向量，f_t 是含有不可观测的因子的 $q \times 1$ 的向量且 $f_t \sim N(0, I_q)$，λ 是一个 $M \times q$ 的系数矩阵（因子载荷），$\varepsilon_t \sim N(0, \Sigma)$ 且 $\Sigma = diag(\sigma_1^2, ..., \sigma_M^2)$。这个模型常见的识别方式是（参见 Lopes 和 West，2004；Geweke 和 Zhou，1996）将 λ 设定为分块下三角矩阵且对角元素是严格正定的，即 $\lambda_{jj} > 0$ 且 $\lambda_{jk} = 0$，对于 $j > k, j = 1, ..., q$。由于协方差矩阵 Σ 是对角矩阵，我们可以将这个模型写成 M 个相互独立的回归模型（给定因子 f_t 已知的情况下）。因此，我们可以设定合适的正态–逆伽马先验分布形式，且限制 λ 的抽样值矩阵的对角元素来自于截尾正态分布，而上对角元素等于 0。

代码 BFM.m（在文件夹 Factor_Models 可以找到）根据 Lopes 和 West （2004）的方法估计了这个模型。

D.2 动态因子模型（DFM）

动态因子模型假设因子变量服从一个 VAR 过程。一个简单的动态因子模型可以写成：

$$y_{it} = \lambda_{0i} + \lambda_i f_t + \varepsilon_{it} \tag{D-1}$$

$$f_t = \Phi_1 f_{t-1} + \ldots + \Phi_p f_{t-p} + \varepsilon_t^f \tag{D-2}$$

这个模型只需要做小小修正就可以将其写成线性状态空间模型，f_t 是状态变量，这种修正就是将滞后 p 阶的状态方程写成一个一阶马尔科夫系统（即将一个 VAR（p）的方程 $f_t = \Phi_1 f_{t-1} + \ldots + \Phi_p f_{t-p} + \varepsilon_t^f$ 转换成 VAR（1）的模型；我们已经在简单 VAR 模型中计算脉冲响应函数时看到如何进行这种转换）。在给定这些转换的条件下，可以利用 Carter 和 Kohn（1994）的算法对 f_t 进行吉布斯采样，同时在给定 f_t 采样值的条件下，参数 Φ 可以通过第 2 章（参见本书）的 VAR 模型的任何一种先验分布进行估计。在第一个方程（测量方程）中，在给定 f_t 的条件下，我们利用简单回归模型的结论对 λ_i 进行抽样，即正态–伽马先验分布的形式（参见 Koop，2003）。

代码 BAYES_DFM.m（在文件夹 Factor_Models 可以找到）对该模型进行了估计。

D.3 因子增广型 VAR 模型（FAVAR 模型）

FAVAR 模型基于动态因子模型的结构同时又允许识别货币政策冲击，我们采用以下 Bernanke，Boivin 和 Eliasz（2005）的简单公式：

$$y_{it} = \lambda_i f_t + \gamma_i r_t + \varepsilon_{it}$$

$$\begin{pmatrix} f_t \\ r_t \end{pmatrix} = \tilde{\Phi}_1 \begin{pmatrix} f_{t-1} \\ r_{t-1} \end{pmatrix} + \ldots + \tilde{\Phi}_p \begin{pmatrix} f_{t-p} \\ r_{t-p} \end{pmatrix} + \tilde{\varepsilon}_t^f$$

其中，$\tilde{\varepsilon}_t^r$是独立同分布的正态分布 $N\left(0,\tilde{\Sigma}^r\right)$，$r_t$是观测变量组成的 $k_r \times 1$ 的向量。例如，Bernanke等（2005）将 r_t 设定为联邦基金利率（一种货币政策工具）。因此 $k_r = 1$，其他的关于测量方程的假定和动态因子模型一致。

注意到给定模型参数的条件下，可以利用状态空间模型的方法（参加前面章节）对因子进行抽样。其中，f_t是不可观测的状态变量。如果我们将式（D-2）从一个 VAR（p）的模型转换成 VAR（1）的模型（使得 f_t 具有马尔科夫性质，这是进行卡尔曼滤波的必要假设条件），这些抽样方法会更容易实施。同时，参数矩阵 $\tilde{\Phi}_f,\tilde{\Sigma}^f$中需要填充一些0以与转换后的 VAR（1）模型相适应，但是我们只对矩阵的非零元素按照通常的方法进行抽样。

一种不同的方法是采用主成分分析法去近似因子 f_t，贝叶斯估计给我们提供动态因子，其协方差矩阵为 $\tilde{\Sigma}^f$。而主成分分析法只给我们提供静态因子与正交化的协方差矩阵 I（因为主成分分析只提供了式（D-1）中因子的解，并没有考虑到式（D-2）中这些因子的动态。不论数据维数和我们想提取的因子数目是多少，主成分分析法在计算上非常简单易行，但是可能会受到抽样误差的影响。MCMC估计在大型问题中可能非常麻烦，但是可以得到这些因子的全部后验分布，且能够消除抽样误差的不确定性。利用卡尔曼滤波的动态因子的 MCMC估计（和一般意义上的基于似然函数的估计）都需要很强的识别约束，这可能导致因子的经济学含义比较差，因而FAVAR模型的实证研究者在选择具体方法对潜在的因子进行抽样时需要十分谨慎。考虑到计算上的简单，我们的实证例子中采用了主成分分析方法，无论采用什么方法，模型参数的抽样都是在给定这些因子当期的抽样值（对于MCMC算法）或者最终的估计量（对于主成分分析法）的基础上进行的，也就是说把这些因子当成是可以观测的实际数据。

在式（D-1）中，我们有 M 个相互独立的方程，因此我们可以对模型的参数 λ_i 和 σ_i 依次进行抽样。同时，由于我们有 M 个单变量的回归方程，这里模型参数可以采用的一种标准的共轭先验分布就是正态–伽马分布（参见 Koop，2003）。式（D-2）是关于 $\begin{pmatrix} f_t \\ r_t \end{pmatrix}$ 的 VAR 模型，读者可以自由选择本书相关的介绍 VAR 模型的章节中任何一种先验分布形式。出于实证示例的目的，我们采用无信息先验分布。总而言之，我们采用的先验分布具有如下形式：

$$\lambda_i \sim N\left(0, cI\right)$$

$$\left(\sigma_i^2\right)^{-1} \sim G\left(a, \beta\right)$$

$$\tilde{\Phi}_f, \tilde{\Sigma}^f \propto \left|\tilde{\Sigma}^f\right|^{-(M+k_r+1)/2}$$

其中，由于没有先验信息，c，a 和 β 可以基于数据来获取或者设定为一些无信息的值。例如，三者分别设定为 100、0.01 和 0.01。

代码 FAVAR.m（在文件夹 FAVAR 中可以找到）采用主成分分析法对这个模型进行了估计，并给出了总共 115+3 个变量的脉冲响应。也可以采用 MCMC 方法估计这些因子变量，但是这不能直接实现，为了运用 MCMC 方法，代码中为读者给出了说明，需要将代码的一部分设为注释行，而对另一部分则取消注释。

D.4 时变系数的因子增广型 VAR 模型（TVP-FAVAR 模型）

将 FAVAR 模型拓展为 TVP-FAVAR 模型就像我们在前面章节所讨论的将 VAR 模型拓展为 TVP-VAR 模型一样"简单"，假定我们仍然可以采用主成分分析方法来近似TVP-FAVAR模型中的因子，有趣的问题是哪些参数应该被允许随着时间而发生改变？出于实证示例的目的，我们对前面章节的FAVAR模型进行了拓展，式（D-1）到式（D-2）将允许 $\tilde{\Phi} = \left[\tilde{\Phi}_1,...,\tilde{\Phi}_p \right]$ 和 $\tilde{\Sigma}'$ 是时变的，随时间发生改变的方式与之前讨论的异方差VAR模型一样（也就是每一个系数都是随机游走过程）。具体的细节在本书的3.3节已经给出，我们只需要注意的是这里与同方差异方差的TVP-VAR模型的实证示例不同的是，我们在TVP-FAVAR模型的应用中没有采用训练样本（尽管读者可以采用3.3节相同的方法来定义训练样本）。随后，参数 $\tilde{\Phi}_j$ 和 $\tilde{\Sigma}'$ 的先验分布由式（C-6）和式（C-7）给出。参数 λ_i 和 σ_i 的先验分布与前面FAVAR模型采用的一致。

我们也可以允许因子载荷矩阵和式（D-1）中误差项波动率的对数是时变的，但是由于因子载荷矩阵 λ 含有大量的参数，所以读者在放松因子载荷矩阵是常数的假设时，应该保持谨慎以避免过度参数化问题。

代码TVP_FAVAR_FULL.m（在文件夹TVP-FAVAR中可以找到）估计了TVP-FAVAR模型并给出了总共115+3个变量的脉冲响应。

D.5 因子模型所使用的数据

所有的时间序列均下载于圣路易斯 FRED 数据库，且涵盖 1959Q1 到 2006Q3 的季度数据。序列 HHSNTN、PMNO、PMDEL、PMNV、MOCMQ、MSONDQ（下表中标号为 152~157 的序列）由 Mark Watson 提供，来自 GIBED 数据库。所有的序列都经过了季节调整：从 FRED 下载的季节调整过的或根据 AR（4）模型使用季度 X11 滤波器对未季节调整的数据进行季节调整（季节性检验之后）。数据库中的一些序列只是月度观测值，季度值是通过对季度内月度值进行平均得到。根据 Bernanke 等（2005），速动变量是利率、股票收益率、汇率和商品价格。数据库中的其他变量是慢动变量（产出、就业率/失业率等）。所有变量被转换为近似平稳。特别地，$z_{i,t}$ 是一个原始未转换的变量，转换方式代码如附表 1 所示）：1 表示未转换（水平），$x_{i,t} = z_{i,t}$；2 表示一阶差分，$x_{i,t} = z_{i,t} - z_{i,t-1}$；4 表示取对数，$x_{i,t} = \log z_{i,t}$；5 表示取对数后一阶差分，$x_{i,t} = \log z_{i,t} - \log z_{i,t-1}$。

附表 1   变量定义表

#	助记符	代码	解释
1	CBI	1	私人库存变化
2	GDPC96	5	实际国内生产总值，3 位小数
3	FINSLC96	5	国内产品实际最终销售额，3 位小数
4	CIVA	1	企业库存估值调整
5	CP	5	税后企业利润
6	CNCF	5	企业净现金流量
7	GDPCTPI	5	国内生产总值：环比价格指数
8	FPI	5	固定私人投资
9	GSAVE	5	总储蓄
10	PRFI	5	私人住宅固定投资
11	CMDEBT	5	家庭部门：债务：家庭信贷市场未偿债务总额
12	INDPRO	5	工业生产指数
13	NAPM	1	ISM 制造业：PMI 综合指数
14	HCOMPBS	5	商业部门：每小时薪酬
15	HOABS	5	商业部门：总工作时长

#	助记符	代码	解释
16	RCPHBS	5	商业部门：每小时实际薪酬
17	ULCBS	5	商业部门：单位劳动力成本
18	COMPNFB	5	非农业部门：每小时薪酬
19	HOANBS	5	非农业部门：总工作时长
20	COMPRNFB	5	非农业部门：每小时实际报酬
21	ULCNFB	5	非农业部门：单位劳动力成本
22	UEMPLT5	5	居民失业率——少于5周
23	UEMP5TO14	5	居民失业率——5~14周
24	UEMP15OV	5	居民失业率——15周及以上
25	UEMP15T26	5	居民失业率——15~26周
26	UEMP27OV	5	居民失业率——27周及以上
27	NDMANEMP	5	所有职员：非耐用商品制造
28	MANEMP	5	非农就业人员薪资．制造业
29	SRVPRD	5	所有职员：服务业
30	USTPU	5	所有职员：贸易、运输和公用事业
31	USWTRADE	5	所有职员：批发贸易
32	USTRADE	5	所有职员：零售贸易
33	USFIRE	5	所有职员：财务活动
34	USEHS	5	所有职员：教育与健康服务
35	USPBS	5	所有职员：专业和商业服务
36	USINFO	5	所有职员：信息服务
37	USSERV	5	所有职员：其他服务

#	助记符	代码	解释
38	USPRIV	5	所有职员：所有私营企业
39	USGOVT	5	所有职员：政府
40	USLAH	5	所有职员：休闲与酒店
41	AHECONS	5	平均时薪：建筑业
42	AHEMAN	5	平均时薪：制造业
43	AHETPI	5	平均时薪：所有私营企业
44	AWOTMAN	1	平均每周时长：加班：制造业
45	AWHMAN	1	平均每周时长：制造业
46	HOUST	4	房屋开工：总计：新建私有房屋开工
47	HOUSTNE	4	东北部普查区房屋开工
48	HOUSTMW	4	中西部普查区房屋开工
49	HOUSTS	4	南部普查区房屋开工
50	HOUSTW	4	西部普查区房屋开工
51	HOUST1F	4	私有房屋开工：1-单位建造
52	PERMIT	4	由建筑许可证授权的新建私人房屋单元
53	NONREVSL	5	非流通未偿信贷总额，SA，数十亿美元
54	USGSEC	5	所有商业银行的美国政府证券
55	OTHSEC	5	所有商业银行的其他证券
56	TOTALSL	5	消费者未偿信贷总额
57	BUSLOANS	5	所有商业银行的商业和工业贷款
58	CONSUMER	5	所有商业银行的消费者（个人）贷款
59	LOANS	5	商业银行贷款和租赁总额

#	助记符	代码	解释
60	LOANINV	5	所有商业银行的贷款和投资总额
61	INVEST	5	所有商业银行的投资总额
62	REALLN	5	所有商业银行的房地产贷款
63	BOGAMBSL	5	美联储理事会基础货币，根据储备金要求的变动进行调整
64	TRARR	5	美联储理事会总储备金，根据储备金要求的变动进行调整
65	BOGNONBR	5	存储机构的非借款储备金
66	NFORBRES	1	存储机构的净自由或借款储备
67	M1SL	5	M1货币存量
68	CURRSL	5	M1中的现钞部分
69	CURRDD	5	M1中的现钞部分加活期存款
70	DEMDEPSL	5	商业银行中活期存款
71	TCDSL	5	支票存款总额
72	TB3MS	1	3个月国库券：二级市场利率
73	TB6MS	1	6个月国库券：二级市场利率
74	GS1	1	1年期国库券收益率（固定期限）
75	GS3	1	3年期国库券收益率（固定期限）
76	GS5	1	5年期国库券收益率（固定期限）
77	GS10	1	10年期国库券收益率（固定期限）
78	MPRIME	1	银行基准贷款利率
79	AAA	1	穆迪经验丰富的Aaa企业债券收益率
80	BAA	1	穆迪经验丰富的Baa企业债券收益率
81	sTB3MS	1	3个月国库券：二级市场利率——联邦基金利率

#	助记符	代码	解释
82	sTB6MS	1	6个月国库券：二级市场利率——联邦基金利率
83	sGS1	1	1年期国库券收益率（固定期限）——联邦基金利率
84	sGS3	1	3年期国库券收益率（固定期限）——联邦基金利率
85	sGS5	1	5年期国库券收益率（固定期限）——联邦基金利率
86	sGS10	1	10年期国库券收益率（固定期限）——联邦基金利率
87	sMPRIME	1	银行基准贷款利率 - 联邦基金利率
88	sAAA	1	穆迪经验丰富 Aaa企业债券收益率——联邦基金利率
89	sBAA	1	穆迪经验丰富 Baa企业债券收益率——联邦基金利率
90	EXSZUS	5	瑞士/美国外汇汇率
91	EXJPUS	5	日本/美国外汇汇率
92	PPIACO	5	生产者价格指数：所有商品
93	PPICRM	5	生产者价格指数：再加工原材料
94	PPIFCF	5	生产者价格指数：消费食品
95	PPIFCG	5	生产者价格指数：日用消费品
96	PFCGEF	5	生产者价格指数：日用消费品（食品除外）
97	PPIFGS	5	生产者价格指数：制成品
98	PPICPE	5	生产者价格指数成品：资本设备
99	PPIENG	5	生产者价格指数：燃料、相关产品及电力
100	PPIIDC	5	生产者价格指数：工业品
101	PPIITM	5	生产者价格指数：中间材料：物料和部件
102	CPIAUCSL	5	所有城市消费者的消费者物价指数：所有项目
103	CPIUFDSL	5	所有城市消费者的消费者物价指数：食品

#	助记符	代码	解释
104	CPIENGSL	5	所有城市消费者的消费者物价指数：能源
105	CPILEGSL	5	所有城市消费者的消费者物价指数：所有项目（能源除外）
106	CPIULFSL	5	所有城市消费者的消费者物价指数：所有项目（食品除外）
107	CPILFESL	5	所有城市消费者的消费者物价指数：所有项目（能源和食品除外）
108	OILPRICE	5	现货油价格：西得克萨斯轻质原油
109	HHSNTN	1	密歇根大学消费者期望指数（BCD-83）
110	PMI	1	采购经理人指数
111	PMNO	1	美国采购经理协会（NAPM）新订单指数
112	PMDEL	1	美国采购经理协会（NAPM）供应商交货指数
113	PMNV	1	美国采购经理协会（NAPM）存货指数
114	MOCMQ	5	新订单（净）——消费品与材料，1996年美元（BCI）
115	MSONDQ	5	新订单——非国防资本品，1996年美元（BCI）

参考文献

An, S. and F. Schorfheide (2007), 'Bayesian analysis of DSGE models'. *Econometric Reviews* 26, 113–172.

Asai, M., M. McAleer, and J. Yu (2006), 'Multivariate stochastic volatility: A review'. *Econometric Reviews* 25, 145–175.

Ballabriga, F., M. Sebastian, and J. Valles (1999), 'European asymmetries'. *Journal of International Economics* 48, 233–253.

Banbura, M., D. Giannone, and L. Reichlin (2010), 'Large Bayesian VARs'. *Journal of Applied Econometrics* 25, 71–92.

Belviso, F. and F. Milani (2006), 'Structural factor augmented VARs (SFAVARs) and the effects of monetary policy'. *Topics in Macroeconomics* 6, 2.

Berg, A., R. Meyer, and J. Yu (2004), 'Deviance information criterion for comparing stochastic volatility models'. *Journal of Business and Economic Statistics* 22, 107–120.

Bernanke, B. and J. Boivin (2003), 'Monetary policy in a data-rich environment'. *Journal of Monetary Economics* 50, 525–546.

Bernanke, B., J. Boivin, and P. Eliasz (2005), 'Measuring monetary policy: A Factor augmented vector autoregressive (FAVAR) approach'. *Quarterly Journal of Economics* 120, 387–422.

Bernanke, B. and I. Mihov (1998), 'Measuring monetary policy'. *Quarterly Journal of Economics* 113, 869–902.

Boivin, J. and M. Giannoni (2006), 'Has monetary policy become more effective?'. *Review of Economics and Statistics* 88, 445–462.

Canova, F. (1993), 'Modelling and forecasting exchange rates using a Bayesian time varying coefficient model'. *Journal of Economic Dynamics and Control* 17, 233–262.

Canova, F. (2007), *Methods for Applied Macroeconomic Research*. Princeton University Press.

Canova, F. and M. Ciccarelli (2004), 'Forecasting and turning pointpredictions in a Bayesian panel VAR model'. *Journal of Econometrics* 120, 327–359.

Canova, F. and M. Ciccarelli (2009), 'Estimating multi-country VAR models'. *International Economic Review* 50, 929–959.

Canova, F. and L. Gambetti (2009), 'Structural changes in the US economy: Is there a role for monetary policy?'. *Journal of Economic Dynamics and Control* 33, 477–490.

Carlin, B. and S. Chib (1995), 'Bayesian model choice via Markov chain Monte Carlo methods'. *Journal of the Royal Statistical Society*, Series B 57, 473–84.

Carter, C. and R. Kohn (1994), 'On Gibbs sampling for state space models'. *Biometrika* 81, 541−553.

Chan, J.C.C. and I. Jeliazkov (2009), 'Efficient simulation and integrated likelihood estimation in state space models'. *International Journal of Mathematical Modelling and Numerical Optimisation* 1, 101−120.

Chan, J.C.C., G. Koop, R. Leon-Gonzalez, and R. Strachan (2010), 'Time varying dimension models'. Manuscript available at: http://personal.strath.ac.uk/gary.koop/.

Chib, S. and E. Greenberg (1994), 'Bayes inference in regression models with ARMA (p, q) errors'. *Journal of Econometrics* 64, 183−206.

Chib, S. and E. Greenberg (1995), 'Hierarchical analysis of SUR models with extensions to correlated serial errors and time-varying parameter models'. *Journal of Econometrics* 68, 339−360.

Chib, S. and I. Jeliazkov (2001), 'Marginal likelihood from the Metropolis-Hastings output'. *Journal of the American Statistical Association* 96, 270−281.

Chib, S. and I. Jeliazkov (2005), 'Accept−reject Metropolis-Hastings sampling and marginal likelihood estimation'. *Statistica Neerlandica* 59, 30−44.

Chib, S., F. Nardari, and N. Shephard (2002), 'Markov chain Monte Carlo methods for stochastic volatility models'. *Journal of Econometrics* 108, 281−316.

Chib, S., F. Nardari, and N. Shephard (2006), 'Analysis of high dimensional multivariate stochastic volatility models'. *Journal of Econometrics* 134, 341−371.

Chib, S., Y. Omori, and M. Asai (2009), 'Multivariate stochastic volatility'. In: T. Andersen, R. David, J. Kreiss, and T. Mikosch (eds.): *Handbook of Financial Time Series*. Berlin: Springer Verlag, pp.365−400.

Chib, S. and S. Ramamurthy (2010), 'Tailored randomized block MCMC methods with application to DSGE models'. *Journal of Econometrics* 155, 19−38.

Chipman, H., E. George, and R. McCulloch (2001), 'Practical implementation of Bayesian model selection'. In: P. Lahiri (ed.): *Model Selection*, vol. 38, IMS Lecture Notes, pp.67−116.

Christiano, L., M. Eichenbaum, and C. Evans (1999), 'Monetary shocks: What have we learned and to what end?'. In: J. Taylor and M. Woodford (eds.) *Handbook of Macroeconomics*, vol.1A. New York: Elsevier, pp.65−148.

Ciccarelli, M. and A. Rebucci (2002), 'The transmission mechanism of European monetary policy: Is there heterogeneity? Is it changing over time?'. International Monetary Fund working paper, WP 02/54.

Cogley, T. and T. Sargent (2001), 'Evolving post-WorldWar II inflation dynamics'. *NBER Macroeconomic Annual* 16, 331−373.

Cogley, T. and T. Sargent (2005), 'Drifts and volatilities: Monetarypolicies and outcomes in the post WWII U.S'. *Review of Economic Dynamics* 8, 262−302.

DeJong, P. and N. Shephard (1995), 'The simulation smoother for time series models'. *Biometrika* 82, 339−350.

Del Negro, M. and C. Otrok (2008), 'Dynamic factor models with time varying parameters: Measuring changes in international business cycles'. Federal Reserve Bank of New York Staff Report No.326.

Del Negro, M. and F. Schorfheide (2004), 'Priors from general equilibrium models for VARs'. *International Economic Review* 45, 643–673.

Del Negro, M. and F. Schorfheide (2010), 'Bayesian macroeconometrics'. In: J. Geweke, G. Koop, and H. van Dijk (eds.): *The Handbook of Bayesian Econometrics*. Oxford: Oxford University Press.

Doan, T., R. Litterman, and C. Sims (1984), 'Forecasting and conditional projection using realistic prior distributions'. *Econometric Reviews* 3, 1–144.

Doucet, A., S. Godsill, and C. Andrieu (2000), 'On sequential Monte Carlo sampling methods for Bayesian filtering'. *Statistics and Computing* 10, 197–208.

Durbin, J. and S. Koopman (2001), *Time Series Analysis by State Space Methods*. Oxford: Oxford University Press.

Durbin, J. and S. Koopman (2002), 'A simple and efficient simulation smoother for state space time series analysis'. *Biometrika* 89, 603–616.

Fernandes-Villaverde, J. (2009), 'The econometrics of DSGE models'. Penn Institute for Economic Research working paper 09–008.

Fernandez, C., E. Ley, and M. Steel (2001), 'Benchmark priors for Bayesian model averaging'. *Journal of Econometrics* 100, 381–427.

Forni, M. and L. Reichlin (1998), 'Let's get real: A factor analytic approach to disaggregated business cycle dynamics'. *Review of Economic Studies* 65, 453–473.

Fruhwirth-Schnatter, S. (1994), 'Data augmentation and dynamic linear models'. *Journal of Time Series Analysis* 15, 183–202.

Fruhwirth-Schnatter, S. and H. Wagner (2008), 'Marginal likelihoods for non-Gaussian models using auxiliary mixture sampling'. *Computational Statistics and Data Analysis* 52, 4608–4624.

Gelfand, A. and D. Dey (1994), 'Bayesian model choice: Asymptotics and exact calculations'. *Journal of the Royal Statistical Society Series B* 56, 501–514.

George, E., D. Sun, and S. Ni (2008), 'Bayesian stochastic search for VAR model restrictions'. *Journal of Econometrics* 142, 553–580.

Geweke, J. (1977), 'The dynamic factor analysis of economic time series'. In: D. Aigner and A. Goldberger (eds.): *Latent Variables in Socio-economic Models*. Amsterdam: North Holland.

Geweke, J. (1996), 'Bayesian reduced rank regression in econometrics'. *Journal of Econometrics* 75, 121–146.

Geweke, J. and J. Amisano (2011), 'Hierarchical Markov normal mixturemodels with applications to financial asset returns'. *Journal of Applied Econometrics* 26(1), 1–29.

Geweke, J. and M. Keane (2007), 'Smoothly mixing regressions'. *Journal of Econometrics* 138, 252–291.

Geweke, J.and G.Zhou(1996), 'Measuring the pricing error of the arbitrage pricing theory'. *Review of Financial Studies* 9, 557–587.

Giordani, P.and R.Kohn(2008), 'Efficient Bayesian inference for multiple change-point and mixture innovation models'. *Journal of Business and Economic Statistics* 26, 66–77.

Giordani, P., R.Kohn, and D.van Dijk(2007), 'A unified approach to nonlinearity, structural change and outliers'. *Journal of Econometrics* 137, 112–133.

Giordani, P., M.Pitt, and R.Kohn(2010), 'Time series state space models'. In: J.Geweke, G.Koop, and H.van Dijk(eds.): *The Handbook of Bayesian Econometrics*. Oxford: Oxford University Press.

Green, P.(1995), 'Reversible jump Markov chain Monte Carlo computation and Bayesian model determination'. *Biometrika* 82, 711–732.

Groen, J., R.Paap, and F.Ravazzolo(2008), 'Real-time inflation forecasting in a changing world'. Erasmus University manuscript, 2008.

Harvey, A.(1989), *Forecasting, Structural Time Series Models and the Kalman Filter*. Cambridge: Cambridge University Press.

Ingram, B.and C.Whiteman(1994), 'Supplanting the Minnesota prior — Forecasting macroeconomic time series using real business cycle model priors'. *Journal of Monetary Economics* 49, 1131–1159.

Jacquier, E., N.Polson, and P.Rossi(1994), 'Bayesian analysis of stochastic volatility'. *Journal of Business and Economic Statistics* 12, 371–417.

Johannes, M.and N.Polson(2009), 'Particle filtering'. In: T.Andersen, R.David, J.Kreiss, and T.Mikosch(eds.): *Handbook of Financial Time Series*. Berlin: Springer-Verlag, pp.1015–1030.

Kadiyala, K.and S.Karlsson(1997), 'Numerical methods for estimation and inference in Bayesian VAR models'. *Journal of Applied Econometrics* 12, 99–132.

Kim, C.and C.Nelson(1999), *State Space Models with Regime Switching*. Cambridge: MIT Press.

Kim, S., N.Shephard, and S.Chib(1998), 'Stochastic volatility: likelihood inference and comparison with ARCH models'. *Review of Economic Studies* 65, 361–393.

Koop, G.(1992), 'Aggregate shocks and macroeconomic fluctuations: A Bayesian approach'. *Journal of Applied Econometrics* 7, 395–411.

Koop, G.(1996), 'Parameter uncertainty and impulse response analysis'. *Journal of Econometrics* 72, 135–149.

Koop, G.(2010), 'Forecasting with medium and large Bayesian VARs'. Manuscript available at: http://personal.strath.ac.uk/gary.koop/.

Koop, G., R.Leon-Gonzalez, and R.Strachan(2009), 'On the evolution of the monetary policy transmission mechanism'. *Journal of Economic Dynamics and Control* 33, 997–1017.

Koop, G., D.Poirier, and J.Tobias(2007), *Bayesian Econometric Methods*. Cambridge:

Cambridge University Press.

Koop, G.and S.Potter(2004), 'Forecasting in dynamic factor models using Bayesian model averaging'.*The Econometrics Journal* 7,550–565.

Koop, G.and S.Potter(2006), 'The Vector floor and ceiling model'.In: C.Milas, P.Rothman, and D.van Dijk(eds.): *Nonlinear Time Series Analysis of the Business Cycle*, Chapter 4.Elsevier's Contributions to Economic Analysis Series.

Koop, G.and S.Potter(2009), 'Time varying VARs with inequality restrictions'.Manuscript available at: http://personal.strath.ac.uk/gary.koop/koop potter14.pdf.

Korobilis, D.(2009a), 'Assessing the transmission of monetary policy shocks using dynamic factor models'.University of Strathclyde, Discussion Papers in Economics, No.09–14.

Korobilis, D.(2009b), 'VAR forecasting using Bayesian variable selection'.Manuscript.

Kose, A., C.Otrok, and C.Whiteman(2003), 'International business cycles: World, region and country-specific factors'.*American Economic Review* 93,1216–1239.

Kuo, L.and B.Mallick(1997), 'Variable selection for regression models'.*Shankya: The Indian Journal of Statistics*(Series B)60,65–81.

Litterman, R.(1986), 'Forecasting with Bayesian vector autoregressions— Five years of experience'.*Journal of Business and EconomicStatistics* 4,25–38.

Lopes, H.and M.West(2004), 'Bayesian model assessment in factor analysis'.*Statistica Sinica* 14,41–67.

Lubik, T.and F.Schorfheide(2004), 'Testing for indeterminacy: Anapplication to U.S.monetary policy'.*American Economic Review* 94,190–217.

McCausland, W., S.Miller, and D.Pelletier(2007), 'A new approachto drawing states in state space models'.Working paper 2007–06, Université de Montréal, Département de sciences économiques.

Omori, Y., S.Chib, N.Shephard, and J.Nakajima(2007), 'Stochastic volatility with leverage: Fast and efficient likelihood inference'.*Journal of Econometrics* 140,425–449.

Otrok, C.and C.Whiteman(1998), 'Bayesian leading indicators: Measuring and predicting economic conditions in Iowa'.*International Economic Review* 39,997–1014.

Paap, R.and H.van Dijk(2003), 'Bayes estimates of Markov trends in possibly cointegrated series: An application to US consumption and income'.*Journal of Business and Economic Statistics* 21,547–563.

Pitt, M.and N.Shephard(1999), 'Time varying covariances: a factor stochastic volatility approach'.In: J.Bernardo, J.O.Berger, A.P.Dawid, and A.F.M.Smith(eds.): *Bayesian Statistics*, vol.6.Oxford: Oxford University Press, pp.547–570.

Primiceri, G.(2005), 'Time varying structural vector autoregressions and monetary policy'.*Review of Economic Studies* 72,821–852.

Rubio-Ramirez, J., D.Waggoner, and T.Zha(2010), 'Structural vector autoregressions: Theory of identification and algorithms for inference'.*Review of Economic Studies* 77(2),665–696.

Sentana, E. and G. Fiorentini (2001), 'Identification, estimation and testing of conditionally heteroskedastic factor models'. *Journal of Econometrics* 102, 143-164.

Sims, C. (1980), 'Macroeconomics and reality'. *Econometrica* 48, 1-48.

Sims, C. (1993), 'A nine variable probabilistic macroeconomic forecasting model'. In: J. Stock and M. Watson (eds.): *Business Cycles Indicators and Forecasting*. University of Chicago Press for the NBER, pp.179-204.

Sims, C. and T. Zha (1998), 'Bayesian methods for dynamic multivariate models'. *International Economic Review* 39, 949-968.

Sims, C. and T. Zha (2006), 'Were there regime switches in macroeconomic policy?'. *American Economic Review* 96, 54-81.

Stock, J. and M. Watson (1996), 'Evidence on structural instability in macroeconomic time series relations'. *Journal of Business and Economic Statistics* 14, 11-30.

Stock, J. and M. Watson (1999), 'Forecasting inflation'. *Journal of Monetary Economics* 44, 293-335.

Stock, J. and M. Watson (2002), 'Macroeconomic forecasting using diffusion indexes'. *Journal of Business and Economic Statistics* 20, 147-162.

Stock, J. and M. Watson (2005), 'Implications of dynamic factor models for VAR analysis'. National Bureau of Economic Research Working Paper 11467.

Stock, J. and M. Watson (2006), 'Forecasting using many predictors'. In: G. Elliott, C. Granger, and A. Timmerman (eds.): *Handbook of Economic Forecasting*, vol.1. Amsterdam: North Holland, pp.515-554.

Stock, J. and M. Watson (2008), 'Forecasting in dynamic factor models subject to structural instability'. In: J. Castle and N. Shephard (eds.): *The Methodology and Practice of Econometrics, A Festschrift in Honour of Professor David F. Hendry*. Oxford: Oxford University Press.

Villani, M. (2009), 'Steady-state prior for vector autoregressions'. *Journal of Applied Econometrics* 24, 630-650.

West, M. (2003), 'Bayesian factor regression models in the 'large p, small n' paradigm'. In: J. M. Bernardo, M. Bayarri, J. O. Berger, A. P. Dawid, D. Heckerman, A. F. M. Smith, and M. West (eds.): *Bayesian Statistics*, vol.7. Oxford: Oxford University Press, pp.723-732.

West, M. and P. Harrison (1997), *Bayesian Forecasting and Dynamic Models*. second edition. Berlin: Springer.

译后记

　　本书付梓之际，心间百感交集；回首求学生涯，辗转京津两地。此时此刻，更多的当然是感谢。在翻译过程中，众多人士给予了鼓舞与支持。另两位译者郝大鹏和王博老师也倾注了大量心血，滴水穿石，数月有余，终于完稿，在此我由衷地对他们表达最诚挚的谢意！

　　忆往昔青葱岁月，我与大鹏还在南开时就开始接触时间序列模型。当时教我们时间序列分析的是经济学院的张晓峒老师。先生虽年逾花甲却坚持站着给本科生讲课，他的课深入浅出且引人入胜。从课件制作到模型推导，先生总是亲力亲为、一丝不苟。这种严谨为学、踏实做事的态度，不仅是一种品质、一种熏陶，更是一种特殊的价值取向和精神追求，贯穿着整个南开本科生、硕士生和博士生培养理念的始终，并深深感染着我们，由此也激发了我对时间序列分析的浓厚兴趣。后来得益于数量所赵娜老师的耐心教导，我和大鹏开始倒腾各种计量软件和时间序列模型，相互配合，十分默契。大鹏长于河南，比我还要踏实勤奋。在我的帮助下，他进步飞快，吃辣能力也突飞猛进。后来去了津南，在王博老师指导下，我们开始学习贝叶斯方法。王老师在学术上对我们要求非常严格，精益求精，犹如伯乐扬鞭；生活中又与我们如兄如弟，亦师亦友，恰似子期听琴。此时王老师虽身在美国，但时刻牵挂着本书的翻译进展，还亲自为本书审核校对。他高尚的人格魅力、深厚的学术功底、严谨的治学精神、对学生的坦诚直率，令我们感佩交并也必将终身受益！

当然，我们的翻译工作只是抛砖引玉，本书也只是概述了贝叶斯方法在当前主流实证宏观模型中的应用。关于贝叶斯方法在计量经济学中更广泛的应用，读者可以参考本书作者 Gary Koop 的另一著作 "Bayesian Econometric Methods"。Blake 和 Mumtaz 的技术手册 "Applied Bayesian Econometrics for Central Bankers" 提供了贝叶斯计算中的 Gibbs 采样和 Metropolis-Hastings 算法更详细的范例。另外，本书作者官网的附录中也提供了全书的 Matlab 代码以及 MCMC 算法的具体细节，详见 https：//sites.google.com/site/garykoop/。读者也可以通过邮件 nklili0903c@pku.edu.cn 向我索要。

李 力

2017 年 12 月于北大二教